I AM RAFTERY

I am Raftery the poet
    Of hope and love,
With eyes without light
    Calm, untroubled.

In the light of my heart
    Retracing my way,
Worn and weary
    To the end of my days.

Look at me now,
    My back to a wall,
Playing music
    For empty pockets.

CILL AODÁIN

Antoine Ó Reachtabhra

Anois teacht an earraigh beidh an lá dul chun síneadh,
Is tar éis na Féil' Bríde ardóidh mé mo sheol,
Ó chuir mé i mo cheann é ní stopfaidh mé choíche
Go seasfaidh mé thíos i lár Chontae Mhaigh Eo.
I gClár Chlainne Mhuiris bheas mé an chéad oíche,
Is i mBalla taobh thíos de thosóchas mé ag ól,
Go Coillte Mach rachad go ndéanfad cuairt mhíosa ann
I bhfogas dhá mhíle do Bhéal an Átha Mhóir.

Ó fágaim le huacht é go n-éiríonn mo chroíse,
Mar éiríos an ghaoth nó mar scaipeas an ceo
Nuair smuainím ar Chearra nó ar Bhalla taobh thíos de
Ar Sceathach a' Mhíle nó ar phlána Mhaigh Eo.
Cill Aodáin an baile a bhfásann gach ní ann,
Tá sméara, sú chraobh ann is meas ar gach sórt,
Is dá mbeinnse im sheasamh i gceartlár mo dhaoine
D'imeodh an aois díom is bheinn arís óg.

CILL AODÁIN

Now spring is upon us, the days will be stretching,
And after *The Biddy* I'll hoist up and go;
Since I've decided, there'll be no returning
Till I stand in the middle of County Mayo.
In the town of Claremorris I'll spend the first evening,
And in Balla below it the first drinks will flow,
Then to Kiltimagh travel to spend a whole month there
Barely two miles from Ballinamore.

I set down forever that my spirit rises
Like fog as it scatters, as wind starts to blow
When I'm thinking of Carra or Balla below it,
Or Scahaveela or the plain of Mayo.
Cill Aodáin the fertile, where all fruits are growing –
Blackberries, raspberries, full-fruited each one,
And if I were standing among my own people
The years they would leave me, again I'd be young.

The Biddy: Saint Brigid's Day, the first day of spring
Cill Aodáin: the poet's place of birth

DÓNALL ÓG

Author unknown

A Dhónaill óig, má théir thar farraige
Beir mé féin leat, is ná déan do dhearmad;
Beidh agat féirín lá aonaigh is margaidh,
Is iníon rí Gréige mar chéile leapa agat.

Má théirse anonn tá comhartha agam ort:
Tá cúl fionn is dhá shúil ghlasa agat,
Dhá chocán deag id chúl buí bachallach,
Mar bheadh béal na bó nó rós i ngarraithe.

Is déanach aréir a labhair an gadhar ort,
Do labhair an naosach sa chorraichín doimhin ort
Is tú id chaonaí aonair ar fud na gcoillte –
Is go rabhair gan chéile go bráth go bhfaighir mé.

Do gheallais domsa, agus d'insis bréag dom,
Go mbeifeá romhamsa ag cró na gcaorach;
Do ligeas fead agus trí chéad glaoch chugat,
Is ní bhfuaireas ann ach uan ag méiligh.

Do gheallais domhsa, ní ba dheacair duit,
Loingeas óir faoi chrann seoil airgid,
Dhá bhaile dhéag de bhailte margaidh
Is cúirt bhreá aolta cois taobh na farraige.

Do gheallais domhsa, ní nárbh fhéidir,
Go dtabharfá láimhne do chroiceann éisc dom,
Do dtabharfá bróga de chroiceann éan dom,
Is culaith den tsíoda ba dhaoire in Éirinn.

A Dhónaill óig, b'fhearr duit mise agat
Ná bean uasal uaibhreach iomarcach;
Do chrúfainn bó agus do dhéanfainn cuigeann duit,
Is dá mba chruaidh é, do bhuailfinn buille leat.

DÓNALL ÓG

Dónall Óg, if you cross the ocean
Take me with you and don't forget
On fair day and market you'll have a present
And a Greek king's daughter in your bed.

But if you leave, I have your description –
Two green eyes and a fair haired poll,
A dozen plaits in your yellow ringlets
Like a cowslip or a garden rose.

Late last night, the dog announced you
And the snipe announced you in the marsh that's deep
While all alone you walked the woodlands,
May you be wifeless till you find me.

You made a promise, but a lie you told me,
That you'd be before me at the fold;
I gave a whistle and three hundred calls for you
But a bleating lamb your absence told.

You promised me, and it wasn't easy,
Silver masts and a golden fleet,
A dozen towns and all with markets
And a lime-white mansion by the sea.

You promised me and it impossible
You'd give me gloves made from skin of fish,
You'd give me shoes made out of birdskin
And a suit made of the dearest silk.

With me, Dónall, you'd do far better
Than with a haughty lady puffed with pride,
I'd milk your cows and I'd do your churning
And I'd strike a blow for you at your side.

Och ochón, agus ní le hocras,
Uireasa bídh, dí, ná codlata,
Faoi deara domhsa bheith tanaí trochailte,
Ach grá fir óig is é bhreoigh go follas mé.

Is moch ar maidin do chonac-sa an t-ógfhear
Ar muin chapaill ag gabháil an bóthar;
Níor dhruid sé liom is níor chuir ná stró orm,
Is ar mo chasadh abhaile dom 'sea do ghoileas mo dhóthain.

Nuair théimse féin go Tobar an Uaignis
Suím síos ag déanamh buartha,
Nuair chím an saol is nach bhfeicim mo bhuachaill
A raibh scáil an ómair i mbarr a ghruanna.

Siúd é an Domhnach a thugas grá duit,
An Domhnach díreach roimh Dhomhnach Cásca,
Is mise ar mo ghlúine ag léamh na Páise
'Sea bhí mo dhá shúil ag síorthabhairt an ghrá duit.

Dúirt mo mháithrín liom gan labhairt leat
Inniu ná amárach ná Dé Domhnaigh;
Is olc an tráth a thug sí rabhadh dom –
'S é dúnadh an dorais é tar éis na foghla.

Ó a dhe, a mháithrín, tabhair mé féin dó,
Is tabhair a bhfuil agat den tsaol go léir dó;
Éirigh féin ag iarraidh déirce,
Agus ná gabh siar ná aniar im éileamh.

Tá mo chroíse chomh dubh le hairne
Nó le gual dubh a bheadh i gceárta,
Nó le bonn bróige ar hallaí bána,
Is tá lionn dubh mór os cionn mo gháire.

Do bhainis soir díom is do bhainis siar díom,
Do bhainis romham is do bhainis im dhiadh díom,
Do bhainis gealach is do bhainis grian díom,
'S is ró-mhór m'eagla gur bhainis Dia díom.

Oh my grief! and it isn't hunger,
Lack of food or drink or sleep
That leaves me here so thin and haggard
But from a young man's love that I am sick.

I saw the youth in the morning early
On horseback riding down the road,
But he didn't approach or entertain me,
I cried my fill as I turned for home.

When I go to the Well of Sorrows
I sit down and wail and sigh
When I see them all there but my darling
With the amber shadow on his cheekbone high.

'Twas on a Sunday my love I gave you,
The one before last Easter Day,
I on my knees as I read the Passion
But my two eyes gave my love away.

'Don't speak with him', my mother warned me,
'Today, tomorrow or any day'.
A fine time, now, to give such warning,
Locking the stable when the thief's away.

I beg you, mother, give me to him
And give him all in the world you own
Even if you have to beg for alms
But don't deny what I implore.

This heart of mine is black as sloes are,
Black as a coal is in a forge,
Or the print of a shoe in the whitest hall is,
And above my laughter, my heart is sore.

You took my east from me, you took my west,
Before and after I've lost to you,
You took the sun from me, you took the moon,
And I fear you've taken my God, too.

AN CLÁR BOG DÉIL

Author unknown

Phósfhainn tú gan bó gan punt gan áireamh spré
A chuid den tsaol, le toil do mhuinntire, dá mb'áil leat é
Sé mo ghalar dubh gan mé 'gus tú, a ghrá mo chléibhe
I gCaiseal Mumhan, 's gan de leaba fúinn ach a' clár bog déil.

Siúil a chogair is tar im' fhocair go ragham 'on ghleann
Is geobhaidh tú foscadh ar leaba fhlocais agus aer cois abhann
Beidh na srutha a' gabhailt tharainn, fé ghéaga crann
Beidh an londubh 'nár bhfocair, is an chéirseach dhonn.

Searc mo chléibhe do thugas fhéin duit agus grá tré rún
Dá dtagadh sé do chur sa tsaol, go mbéinn fhéin is tú
Ceangal cléire bheith eadrainn araon, leis a' bhfáinne dlúth
Is dá bhfeicfhinn fhéinig mo ghrá ag aon fhear gheobhainn bás le
    cumha.

THE BOG-DEAL BOARD

I'd wed you, join without cow or coin or dowry too,
My own! my life! with your parents' consent if it so pleased you;
I'm sick at heart that we are not, you who make my heart to soar,
In Cashel of Munster with nothing under us but a bog-deal board.

Walk, my love, and come with me away to the glen,
And you'll find shelter, fresh air by the river and a flock bed;
Beneath the trees, beside us the streams will rush,
The blackbird we'll have for company and the brown song-thrush.

The love of my heart I gave you – in secret too;
Should it happen in the course of life that I and you
Have the holy bond between us and the ring that's true,
Then if I saw you, love, with another, I'd die of grief for you.

DONNCHA BÁN

Author unknown

Is ar an mbaile seo chonaic sibh an t-ionadh
Ar Dhonncha Bán is é á dhaoradh;
Bhí caipín bán in áit a hata
Is róipín cnáibe in aít a charabhata.

Tá mé ag teacht ar feadh na hoíche,
Mar bheadh uainín i measc seilbhe caorach,
Mo bhrollach oscailte is mo cheann liom scaoilte,
Is cá bhfaighinn mo dheartháirín romham ach sínte.

Chaoin mé an chéad dreas ag gob an locha,
An dara dreas ag bun do chroiche,
An tríú dreas os cionn do choirpse
I measc na nGall is mo cheann á scoilteadh.

Dá mbeifeá agamsa san áit ar chóir duit,
Thíos i Sligeach nó i mBaile an Róba,
Bhrisfí an chroch, ghearrfaí an rópa,
Is ligfí Donncha Bán abhaile ar an eolas.

'S a Dhonncha Bháin, níorbh í an chroch ba dhual duit,
Ach dul chun an scoibóil is d'easair a bhualadh,
An céachta a iompó deiseal is tuathal
'S an taobh dearg den bhfód a chur in uachtar.

A Dhonncha Bháin, a dheartháirín dílis,
Is maith atá a fhios agam siúd a bhain díom tú –
Ag ól an chupáin, ag deargadh an phíopa,
'S ag siúl an drúchta i gcoim na hoíche.

A Mhic Uí Mhultháin, a scúirse an mhí-áidh,
Ní lao bó bradaí a bhí i mo dheartháir,
Ach buachaillín cruinn deas ar chnoc 's ar chnocán
A bhainfeadh fuaim go bog binn as camán.

DONNCHA BÁN

It was in this town you saw the amazement
On Donncha Bán when he was sentenced,
A white cap on him in place of a hat
And a hempen rope for a cravat.

Through the night without rest or sleep
I've come like a lamb through droves of sheep,
My bosom open, my hair let loose
To find my brother had met the noose.

By the top of the lake I mourned you first,
The second time at the gallows' foot,
The third time above your corpse
Among strangers, my head splitting.

And if I had you back among your own
Down in Sligo or Ballinrobe,
They'd smash the gallows, cut the rope
And send Donncha home by the way he knows.

Donncha Bán, you weren't meant for hanging
But to go to the barn for a spell of threshing,
To turn your plough to right and left
And lift the sod with the red side up.

And Donncha Bán, my brother dear,
Well I know who lured you from here,
They drink their drinks, they light their pipes,
They walk the dew in the dead of night.

And you, Ó Multháin, my scourge, know now
My brother was no calf of a thieving cow
But a steady lad on hill and mound
Who'd bring from a hurley a sweet, soft sound.

’S a Dhonncha Bháin, nach é sin an buaireamh
’S a fheabhas ’s d’iomprófá spoir agus buatais;
Chuirfinn éadach faiseanta ort den éadach ba bhuaine
Is chuirfinn amach tú mar mhac duine uasail.

A Mhic Uí Mhultháin, ná raibh do chlann mhac i bhfocair a chéile,
Ná do chlann iníon ag iarraidh spré ort! –
Tá dhá cheann an bhoird folamh, ’s an t-urlár líonta,
Is Donncha Bán, mo dhearthairín, sínte.

Tá spré Dhonncha Bháin ag teacht abhaile,
Is ní ba, caoirigh, í ná capaill,
Ach tobac is píopaí is coinnle geala,
Is ní á mhaíomh é ar lucht a gcaite.

And Donncha Bán, it's my great torment,
How well you'd wear the boots and spurs!
I'd dress you in fashions of enduring raiment
And send you out like a great man's son!

Your sons, Ó Multháin, be forever scattered,
Your daughters' hands never sought in marriage;
The table's empty, the floor is thronged,
My brother laid out, unjustly hanged.

Coming home now is your dowry
And it isn't cattle, sheep or horses
But tobacco, pipes and the whitest candles
And I don't begrudge them to all who mourn you.

A MHUIRE NA nGRÁS

Traditional Prayer

A Mhuire na nGrás,
A Mháthair Mhic Dé,
Go gcuire tú
Ar mo leas mé.

Go sábhala tú mé
Ar gach uile olc;
Go sábhála tú mé
Idir anam is corp.

Go sábhála tú mé
Ar muir is ar tír;
Go sábhála tú mé
Ar leic na bpian.

Garda na n-aingeal
Os mo chionn;
Dia romham,
Agus Dia liom.

MARY MOST GRACE-FULL

Mary most grace-full,
Mother of Christ,
Guard me and guide me
All of my life.

Keep me, I beg you,
From each evil rôle;
Save, I beseech you,
My body and soul.

Guard me from ocean,
On dry land as well;
Keep me, my mother,
Safe from hell.

Above me, guardian
Seraphim,
God before me,
God within.

DÍNIT AN BHRÓIN

Máirtín Ó Direáin (1910–1988)

Nochtaíodh domsa tráth
Dínit mhór an bhróin,
Ar fheiceáil dom beirt bhan
Ag siúl amach ó shlua
I bhfeisteas caointe dubh
Gan focal astu beirt:
D'imigh an dínit leo
Ón slua callánach mór.

Bhí freastalán istigh
Ó línéar ar an ród,
Fuadar faoi gach n-aon,
Gleo ann is caint ard;
Ach an beirt a bhí ina dtost,
A shiúil amach leo féin
I bhfeisteas caointe dubh,
D'imigh an dínit leo.

THE DIGNITY OF GRIEF

Grief's great dignity
Was revealed to me once
On seeing two women
Emerging from a crowd
In black mourning
Each without a word:
Dignity left with them
From the large and clamorous throng.

A tender was in
From a liner in the roads
And everyone was rushing,
There was tumult and loud talk;
But the pair who were silent,
Who walked out on their own
In black mourning
Left with dignity.

MAITH DHOM

Máirtín Ó Direáin

I m'aonar dom aréir,
I mo shuí cois mara,
An spéir ar ghannchuid néal
Is muir is tír faoi chalm,
Do chumraíocht ríonda
A scáiligh ar scáileán m'aigne
Cé loinnir deiridh mo ghrá duit
Gur shíleas bheith in éag le fada.

Ghlaos d'ainm go ceanúil
Mar ba ghnách liomsa tamall,
Is tháinig scread scáfar
Ó éan uaigneach cladaigh;
Maith dhom murarbh áil leat
Fiú do scáil dhil i m'aice,
Ach bhí an spéir ar ghannchuid néal
Is muir is tír faoi chalm.

FORGIVE ME

Alone last night
And sitting on the strand,
The sky was sparse of cloud
And sea and land becalmed;
Your queenly form
Shadowed the screen of my mind,
This last flicker of my love for you
That I thought was dead a long time.

I fondly called your name
As I used to once,
And heard only the frightened screech
Of a lonely shorebird;
Forgive me if you did not wish
Even your dear shadow at my hand,
But the sky was sparse of cloud
And sea and land becalmed.

SÚILE DONNA

Seán Ó Ríordáin

Is léi na súile donna so
A chím a bplaosc a mic,
Ba theangmháil le háilleacht é
A súile a thuirlingt ort;

Ba theangmháil phribhléideach é
Lena meabhair is lena corp,
Is míle bliain ba ghearr leat é,
Is iad ag féachaint ort.

Na súile sin gurbh ise iad,
Is ait liom iad aige,
Is náir liom aghaidh a thabhairt uirthi,
Ó tharla sí i bhfear.

Nuair a b'ionann iad is ise dhom,
Is beag a shíleas-sa
Go bhfireannódh na súile sin
A labhradh baineann liom.

Cá bhfaighfí údar mearbhaill
Ba mheasa ná é seo?
An gcaithfeam malairt agallaimh
A chleachtadh leo anois?

Ní hí is tuisce a bhreathnaigh leo,
Ach an oiread lena mac,
Ná ní hé an duine deireanach
A chaithfidh iad dar liom.

Ab shin a bhfuil de shíoraíocht ann,
Go maireann smut dár mblas,
Trí bhaineannú is fireannú,
Ón máthair go dtí an mac?

BROWN EYES

These brown eyes I see are hers
Now in her son's head,
It was a thing most beautiful
That you inherited;

It was a meeting privileged
With her mind and body too,
For a thousand years would pass so swift
If they but looked at you.

Because those eyes belong to her
It's strange that he has them,
I'm ashamed to face her now because
They happened in a man.

When she and they were one to me
Little did I think
Those eyes would change to masculine
That spoke so womanly.

Where is the source of madness
That's any worse than this?
Do I have to change my dialogue
Now that they are his?

She wasn't the first to see with them
Any more than he
Nor will he be the last
Who will wear them.

Is this all there is of eternity
That something of us lives on
Becoming masculine and feminine
From the mother to the son?

MALAIRT

Seán Ó Ríordáin

'Gaibh i leith,' arsa Turnbull, 'go bhfeice tú an brón
I súilibh an chapaill,
Dá mbeadh crúba chomh mór leo sin fútsa bheadh brón
Id shúilibh chomh maith leis.'

Agus b'fhollas gur thuig sé chomh maith sin an brón
I súilibh an chapaill,
Is gur mhacnaigh chomh cruaidh sin gur tomadh é fá dheoidh
In aigne an chapaill.

D'fhéachas ar an gcapall go bhfeicinn an brón
'Na shúilibh ag seasamh,
Do chonac súile Turnbull ag féachaint im threo
As cloigeann an chapaill.

D'fhéachas ar Turnbull is d'fhéacas air fá dhó
Is do chonaic ar a leacain
Na súile rómhóra a bhí balbh le brón –
Súile an chapaill.

A CHANGE

'Come over,' said Turnbull, 'and look at the sorrow
In the horse's eyes.
If you had hooves like those under you,
There would be sorrow in your eyes.'

And 'twas plain that he knew the sorrow so well
In the horse's eyes,
And he wondered so deeply that he dived in the end
Into the horse's mind.

I looked at the horse then that I might see
The sorrow in his eyes,
And Turnbull's eyes were looking at me
From the horse's mind.

I looked at Turnbull and looked once again
And there in Turnbull's head –
Not Turnbull's eyes, but, dumb with grief,
Were the horse's eyes instead.

BÓITHRE BÁNA

Eoghan Ó Tuairisc (1919–1982)

Is fada uaim na bóithre,
na bóithre fada, bán faoin ngréin,
siar thar choim na má móire
go leisciúil, leadránach ar strae.

In uaigneas caoin mo chuimhne,
cloisim naosc go géar garbh
amuigh i gciúnas na riasca
ag buaireamh brionglóidí na marbh.

Asal dubh go smaointeach
ag comhaireamh gach coiscéim dá shlí,
cailín ard le cosa ríona
ag tarraingt uisce i mbuicéidín.

Sráidbhaile ina chodladh,
an deatach ina línte réidhe,
foscadh úr thar fráma dorais
is cumhracht dí i mbrothall lae.

Siar arís an bóthar,
ór á leá i mbarra géag,
meisce mhilis an tráthnóna,
is an saol faoi dhraíocht ag dán an éin.

Och, is fada uaim na bóithre,
na bóithre atá bán faoin ngréin;
is ó ghleo na cathrach móire
éalaíonn mo chuimhne leo ar strae.

WHITE ROADS

How I hanker for the roadways,
long roads whitened under sun,
westward through the plain's expanses
lazily lingering, straying on.

In the loneliness of my mind
I listen to a snipe's harsh shriek
in the silence of the marsh
disturb the dreams of the deceased.

A black ass in quiet reflection
counts each footstep of the way,
a tall girl with queenly legs
drawing water in a pail.

A village sleeps while smoke from chimneys
rises straight up to the sky,
a cool doorway out of swelter,
the fragrance of a drink imbibed.

Back again along the roadway,
branches topped by melting gold,
sweet intoxicating evening,
the spell of birdsong throughout the world.

Oh, how I hanker for the roadways,
roadways whitened under sun;
away from the clamour of the city,
my mind escapes and strays with them.

OÍCHE NOLLAG

Máire Mhac an tSaoi (1922–)

Le coinnle na n-aingeal tá an spéir amuigh breactha,
Tá fiacail an tseaca sa ghaoith ón gcnoc,
Adaigh an tine is téir chun na leapan,
Luífidh Mac Dé ins an tigh seo anocht.

Fágaidh an doras ar leathadh ina coinne,
An mhaighdean a thiocfaidh is a naí ar a hucht,
Deonaigh do shuaimhneas a ligint, a Mhuire,
Luíodh Mac Dé ins an tigh seo anocht.

Bhí soilse ar lasadh i dtigh sin na haíochta,
Cóiriú gan caoile, bia agus deoch,
Do cheannaithe olla, do cheannaithe síoda,
Ach luífidh Mac Dé ins an tigh seo anocht.

CHRISTMAS EVE

With candles of angels the sky is now dappled,
The frost on the wind from the hills has a bite,
Kindle the fire and go to your slumber,
Jesus will lie in this household tonight.

Leave all the doors wide open before her,
The Virgin who'll come with the child on her breast,
Grant that you'll stop here tonight, Holy Mary,
That Jesus tonight in this household may rest.

The lights were all lighting in that little hostel,
There were generous servings of victuals and wine
For merchants of silk, for merchants of woollens
But Jesus will lie in this household tonight.

INIS CÓRTHAIDH AGUS GNÉ DEN STAIR

Art Ó Maolfabhail (1932–)

Is beag áit chomh hálainn dá bhfaca
le seandún Inis Córthaidh faoi ghealaigh
lán na Lúnasa go carthanach
ón ard anuas ag bánú peacaí
beaga suaracha nach fiú Dia a n-aire;
sea, is nach fiú daoine a ndéanamh.
Agus bánaítear peacaí na staire:
Ar Fhiodh na gCaor anseo ní shéantar
míle fear i bhfuil gur thit, míle
laoch a deirtear leo, ach fir tréighthe
in andóchas beatha sea shílim
dóibh gur fearr do thuig bás méirligh
ná glóir a thuilleamh as bás le tírghrá.
Ar shráideanna sceamhacha an bhaile
anocht airím fir agus chím mná,
muintir chiúin bhéasach tirim gan aincis
ag trácht le ceart is le cruinnmhaíomh
ar chluichí gaile an náisiúin, insint
éachta Wexford, athinsint ar ghníomh
dhein Ned, Oliver, nó Jim English
ar son an chontae. As fuarlánchéill
nó as bogmheisce tig an díomas
ina nglór nuair a fhaighid trácht ar 'ninety-eight,
ar phíce is an an nglún bhí líonmhar,
an tseisiú glún sin uainn siar. Doirse
ar leathadh agus ceol mear chun rince
mar is ionmhain ón radio ag doirteadh
in a thionlacain don ré ar dhúlinnte
guairneacha na Sláinne. I stuacanna
cheana tá an chruithneacht seasta ar garda
mar a sinsir d'fhás as corp an bhuachalla
chloíte. Ach ní mór peacaí ró-ghránna
na staire a mhaitheamh agus téim síos
don teach aíochta. Sínim m'ainm dílis

ENNISCORTHY AND AN ASPECT OF HISTORY

Few places have I seen
as lovely as Enniscorthy's old hill under the full
August moon amicably
whitening from on high
small, insignificant sins not worth God's heed;
indeed not even worth the committing.
And the sins of history are whitened:
on Vinegar Hill here no one denies
that a thousand men fell in blood,
a thousand heroes so regarded, but as men
despairing of life I think of them
who better understood the rebel's death
than the gaining of glory by dying a patriot.
On the town's bleak streets tonight
I hear men, I see women,
a quiet, well-mannered, tranquil people
discussing justly and with exact pride
the heroic games of the nation, telling
of the exploits of Wexford, retelling the deeds
of Ned, Oliver or Jim English
for the county. Be it from calm judgement
or mild elation, the pride rises
in their voices when they tell of 'ninety-eight,
of pikes and of the teeming generation
that sixth generation ago. Doors thrown
open and the beloved lively dance music from the radio
spilling in accompaniment to the moon
on the swirling black pools of the Slaney.
Already the wheat in stooks stands on guard
like its ancestors, sprung from the body
of the fallen croppy. But the ugly sins
of history must be pardoned and I go down
to the guest-house. At the welcoming girl's request
I sign my name in the guest-book. True for the one

ar an duilleog don chailín geanúil. Fíor
don té chuir dea-chlú ar shaormhíne,
ar ghlanchinseal is ar thíorthúlacht
na ndaoine seo. Agus an stair má chlisfidh
cé mise nach maithfinn gan mí-rúnta
don ainnir adeir 'What's that in English?'

who praised the gentleness,
the nobility and the homeliness
of these people. Even if history dissatisfies,
who am I that wouldn't freely pardon
that girl who asked [when I signed my name] 'What's that in
   English?'

GÉIBHEANN

Caitlín Maude (1941–1982)

Ainmhí mé

ainmhí allta
as na teochreasa
  a bhfuil cliú agus cáil
  ar mo scéimh

chroithfinn crainnte na coille
tráth
le mo gháir

ach anois
luím síos
agus breathnaím trí leathshúil
ar an gcrann aonraic sin thall

tagann na céadta daoine
chuile lá

a dhéanfadh rud ar bith
dom
ach mé a ligean amach.

CAPTIVITY

I am an animal

a wild animal
from the tropics
            famous
            for my beauty

I would shake the trees of the forest
once
with my cry

but now
I lie down
and observe with one eye
the lone tree yonder

people come in hundreds
every day

who would do anything
for me
but set me free.

AMHRÁN GRÁ VIETNAM

Caitlín Maude

Dúirt siad go raibh muid gan náir
ag ceiliúr ár ngrá
agus an scrios seo inár dtimpeall

an seabhac ag guairdeall san aer
ag feitheamh le boladh an bháis

dúirt siad gurbh iad seo ár muintir féin
gurbh í seo sochraide ár muintire
gur chóir dúinn bheith sollúnta féin
bíodh nach raibh brónach

ach muidne
tá muid 'nós na haimsire
    go háirid an ghrian
ní thugann muid mórán aird'
ar imeachtaí na háite seo feasta

lobhann gach rud le teas na gréine
thar an mbás

agus ní muidne a mharaigh iad
ach sibhse

d'fhéadfadh muid fanacht ar pháirc an áir
ach chuir aighthe brónacha na saighdiúirí
ag gáirí sinn
agus thogh muid áit bhog cois abhann

VIETNAM LOVE SONG

They said we were shameless
celebrating our love
with devastation all around us

the hawk hovering in the air
awaiting the stench of death

they said that these were our own
that this was the funeral of our own people
that we should at least be solemn
even if we were not mourning

but we
we are like the weather
    especially the sun
we don't pay much attention
to these happenings any longer

everything decays in the heat of the sun
after death

and it wasn't we who killed them
but you

we could have stayed on the field of slaughter
but the sad faces of the soldiers
made us laugh
and we chose a soft spot by the river

AIMHRÉIDH

Caitlín Maude

Siúil, a ghrá,
cois trá anocht –
siúil agus cuir uait
na deora –
éirigh agus siúil anocht

      ná feac do ghlúin feasta
      ag uaigh sin an tsléibhe
tá na blátha sin feoite
agus tá mo chnámhasa dreoite ...

          (Labhraim leat anocht
          ó íochtar mara –
          labhraim leat gach oíche
          ó íochtar mara ...)

shiúileas lá cois trá –
shiúileas go híochtar trá –
rinne tonn súgradh le tonn –
ligh an cúr bán mo chosa –
d'ardaíos mo shúil go mall
'gus ansiúd amuigh ar an domhain
in aimhréidh cúir agus toinne
chonaic an t-uaigneas i do shiúil
'gus an doilíos i do ghnúis

shiúileas amach ar an domhain
ó ghlúin go com
agus ó chom go guaille
nó gur slogadh mé
sa doilíos 'gus san uaigneas

ENTANGLEMENT

Walk, my love,
by the strand tonight –
walk, and away
with tears –
arise and walk tonight

       henceforth never bend your knee
       at that mountain grave
those flowers have withered
and my bones decayed ...

           (I speak to you tonight
           from the bottom of the sea –
           I speak to you each night
           from the bottom of the sea ...)

once I walked on the strand –
I walked to the tide's edge –
wave played with wave –
the white foam licked my feet –
I slowly raised my eye
and there far out on the deep
in the tangle of foam and wave
I saw the loneliness in your eye
the sorrow in your face

I walked out on the deep
from knee to waist
and from waist to shoulder
until I was swallowed
in sorrow and loneliness

IMPÍ

Caitlín Maude

A ógánaigh,
ná tar i mo dháil,
ná labhair ...
is binn iad
briathra grá –
is binne aríst
an friotal
nár dúradh ariamh –
níl breith
gan smál –
breith briathar
amhlaidh atá
is ní bheadh ann
ach 'rogha an dá dhíogh'
ó tharla
an scéal mar 'tá ...

ná bris
an gloine ghlan
'tá eadrainn
      (ní bristear gloine
      gan fuil is pian)
óir tá Neamh
nó Ifreann thall
'gus cén mhaith Neamh
mura mairfidh sé
go bráth? –
ní Ifreann
go hIfreann
iar-Neimhe ...

impím aríst,
ná labhair,
a ógánaigh,

ENTREATY

Young man,
do not come near me,
do not speak ...
the words of love
are sweet –
but sweeter still
is the word
that was never uttered –
no choice
is without stain –
the choice of words
is much the same
and this would be
to choose between evils
in our present
situation ...

Do not break
the clear glass
between us
    (no glass is broken
    without blood and pain)
for beyond is Heaven
or beyond is Hell
and what good is Heaven
if it is not
for ever? –
the loss of Heaven
is the worst Hell ...

I implore you again
do not speak,
young man,

a 'Dhiarmaid',
is beidh muid
suaimhneach –
an tuiscint do-theangmhaithe
eadrainn
gan gair againn
drannadh leis
le saol na saol
is é dár mealladh
de shíor –
ach impím ...
ná labhair ...

my 'Diarmaid',
and we will be at peace –
untouchable understanding
between us
we will have no cause
to touch it
ever
as it ever
allures us –
but I implore you ...
do not speak ...

DÁN DO ROSEMARY

Mícheál Ó hAirtnéide (1941–1999)

As an saol lofa seo
gabhaim leat leithscéal:
as an easpa airgid atá
ár síorsheilg thar pháirc
ár bpósta mar Fhionn
gan trua gan chion
ag bagairt ar do shacs-chroí bog ceanúil.
Gabhaim leat leithscéal
as an teach cloch-chlaonta
as fallaí de chré is de dheora déanta –
do dheora boga:
an clog leat ag cogarnach
ag insint bréag,
an teallach ag titim as a chéile.
Téim chugat ar mo leithscéal féin:
m'anam tuathalach, m'aigne i gcéin,
an aois i ngar dom, le dán i ngleic,
i mo gheocach sa tábhairne ag ól is ag reic.
Thréig mé an Béarla
ach leatsa níor thug mé cúl:
caithfidh mé mo cheird
a ghearradh as coill úr:
mar tá mo gharrán Béarla
crann-nochta seasc:
ach tá súil agam go bhfuil
lá do shonais ag teacht.
Cuirfidh mé síoda do mhianta ort lá
Aimseoimid beirt ár Meirceá.

POEM FOR ROSEMARY

For this rotten world
I apologise to you:
for the lack of money
that's ever haunting the field
of our marriage like Fionn
without pity, without love
threatening your gentle Saxon heart.
I apologise to you
for this sloping homestead,
for walls of earth and grieving made –
your soft tears:
the clock whispering,
telling lies,
the hearth falling asunder.
I come to you with my alibis:
my awkward soul, my dreaming mind.
While age beckons with poems I'm fighting,
a mummer in the pub, drinking, reciting.
I abandoned English
but never you:
I have to hone my craft
in a wood that's new
for my English grove
is naked, barren
but I hope your day
of happiness is coming.
You'll have the silk of your heart one day.
We'll find us both our America.

AN PHURGÓID
do Arthur agus Vera Ward

Mícheál Ó hAirtnéide

Faic filíochta níor scríobh mé le fada
gé go dtagann na línte mar théada damháin alla –
prislíní Samhna ag foluain trí gharrán:
an scuaine meafar ag tuirling orm,
na seanshiombailí – 'an spéir atá gorm,
póg agus fuiseog agus tuar ceatha' –
ábhar dáin, a bhás is a bheatha.

Anois ó táim im thiarna talún
ar orlach inchinne, ní dheinim botún
ach cuirim as seilbh na samhla leamha –
na hinseacha meirgeacha, na rachtanna lofa,
cabáil is tagairt is iad ós tiubh mar screamha
ar an aigne bán, ar an anam folamh.
Sea, tagann an tinfeadh, ach níl mé sásta –
clagairt poigheachán seilide atá fágtha
is carn crotail ciaróg marbh é,
an dán millte le baothráiteas
tá ag sú na fola as ealáin ársa
mar sciortán ar mhagairle madra.

Caithfidh mé mo chaint a ghlanadh is a fheannadh
nó gan phurgóid tuitfidh trompheannaid –
ní bheidh i ndán ach gaoth is glicbhéarla
is caillfidh mé mo theanga daonna.

Aoibhinn damhsa ógfhile i measc na leabhar
ach is suarach rince seanfhile balbh bodhar –
an geochach i mbrat tincéara,
an cág a ghoidfeadh bréagfháinne,
an chathaoir bhacach i siopa siúnéara,
is béal gearbach striapach na sráide.
Mairg don té dhein an chéad chomparáid

THE PURGE
for Arthur and Vera Ward

Hartnett, the poet, might as well be dead,
enmeshed in symbol – the fly in the web;
and November dribbles through the groves
and metaphors descend on him in droves:
the blood-sucked symbols – the sky so blue,
the lark, the kiss, and the rainbow too.
This syrupy drivel would make you puke.

The monarch now of an inch of vision,
I'll not fall down for indecision
but banish for now and forever after
the rusty hinges, the rotten rafters,
the symbols, the cant, the high allusion
that reduce the white mind to confusion.
Inspiration comes and the poet is left
with the empty rattle of discarded shells,
the husks of beetles piled up dead –
his poem spoiled by stupid talk
that sucks the blood of an ancient craft
like a bloated tick on a mongrel's balls.

I must purge my thought and flay my diction
or else suffer that fierce affliction –
my poems only wind and bombast
having lost their human language.

Pleasant the young poet's dance with books
but the old poet's advance should be rebuffed –
the mummer in the tinker's shawl,
the garrulous brass-thief, the jackdaw,
the beat-up chair at the carpenter's,
and the scabby mouths of idle whores.
Bad cess to him who first compared

idir an t-éan agus fear cumtha dán:
do thug sé masla do chlúimh is táir –
go dtuite cac Éigipteach ó thóin fháinleoige air.

Aoibhinn don ghearrach cantaireacht is foghlaim
ach is ceap magaidh an rí rua 's é ag aithris ar riabhóigín:
féachaigí ar ár n-éanlann dúchasach,
gach cás le clúmh is fuílleach clúdaithe,
na neadacha déanta de bhruscar na haoise
is éanlaithe ann ag cur cleití go bhfreasúra.
Tá fáilte ag cách roimh sor an chlú ann
ach cailltear na seanóirí is iad aineolach
is gan acu ach deasca is dríodar.
Lasmuigh den leabharlann stadann an rince
is tréigeann siad neadacha an ghlórghránna
le hanamacha folamha, le haigní bána.

Éist aríst leis – clagairt cloiginn mo sheanmháthar
ar an staighre: cliotaráil easna m'uncail
im phóca (an siansa cnámh so) –
béic an tSagairt is scréach an Bhráthar –
an t-anam goilliúnach i súilibh m'athar:
laethanta m'óige (an cogar glórghránna).
Mórshiúl dorcha mo ghaolta am leanúint,
Uncail Urghráin agus Aintín Ainnis:
adhraim iad go léir is a seanchuilteanna
mar bhíonn ar fhile bheith dílís dá fhoinse.
Caitheann sé muince fiacal a mháthar
is ceanglann sé leabhair le craiceann a dhearthár –
cruthantóir seithí, adhlacóir is súdaire.
Is peannaid shíoraí an oscailt uaigh seo –
bíonn na filí sa reilg gach uair a' chloig
ag troid ar son cnámh le ramhainn is sluasaid –
duine is snas á chur ar phlaitín a dheirféar aige
duine len bhrionn a rug é a' scríobadh cruimh aisti.
Gach dán ina liodán, marbhna nó caoineadh
is boladh na nglún fuafar ag teacht ó gach líne
is timpeall muiníl gach file, lán d'iarsmaí seirge,

the poet's rhymes to the singing bird –
he insulted plumage, he insulted verse.
May Egypt shit him from a swallow's arse.

The fledgeling's sweet, but it's insipid
to hear the chaffinch act the meadow-pipit.
Look at all our native birds
in stinking cages dung-floored;
their nests, the cast-offs of the age
where the birds moult in frightful rage.
They court and welcome the louse of fame
and, dying old, they die in vain:
ignorant, with nothing left
but dregs and leavings. Outside the nest
the dance is stopped, the din consigned
to empty souls, to vacant minds.

My uncle's ribs are clattering
in my pocket; and hear again –
on the stairs the cacophony
of granny's skull (this symphony
of bones) – Priests' and Brothers' cries –
the wounded soul in my father's eyes:
the course whisper of my youth.
My ancestors march in dark pursuit:
Uncle Hate and Auntie Guilt,
I adore you both and your ancient quilts:
a poet must be true to his sources.
He wears a necklace of his mother's teeth;
with his brother's skin, his book's bound neat;
he's a curer of skins, a burier of corpses.
An eternal penance, this opening of graves –
the poets in the graveyards always with spades
and shovels fighting over bones –
one shines his sister's kneecap's dome,
one scrapes maggots from his mother's womb.
Each poem an elegy, a litany, or lament;
each line morbid with the hideous dead;

tá taise a athar, a chadairne chóirithe.

Níl sa stair ach roghadhán Ama
tá na céadta dán ann ach tá an t-eagarthóir ceannaithe,
fualán rí nó giolla aigne ghamail –
níl stair ag éinne ach an fear tá smachaithe,
í ina cruit ar a dhruim aige, fá a bheatha –
is labhrann sé gach lá le daoine go bhfuil cáil orthu.
Nach iontach an rud é bualadh le Plato
nó ól sa tabhairne le Emmet, an créatúr?
nó bheith go minic le Críost ag plé ruda?
Nach iontach crá sólásach an údair
is é ag smaoineamh ar bhás na milliún Guídach?
Is í ar gcruitne is ár mbunábhar
is ungadh ár n-anam is ár n-aigne mbán í –
ár n-aigne a smaoiníonn ina bochtanas
ar chiúnas, ar chamadh is ar choirp mharbha.
Níl sa stair ach ceirín neascóide
ag tarraingt an bhrachaidh is réamán an éadóchais
ag draoibeáil ár n-aigne bán le téamaí,
ag glaoch orainn ón dorchadas don chéilí
chun guairneáin, chun luascadh, chun éaló
ar ais don chúinne le aigne aonair –
is meathann ne hairdfhir, Críost is Plato
is fágtar an file is a anam folamh
chomh huaigneach le cailís faoi thalamh.

Mar fhionnadh luiche i mbéal cait
      nó téachtán fola ag lorg cinn
bíonn na bánmhiotais ag siúl
      i bhféithe na bhfile gcríon:
Icarus, Meadhbh is Críost –
      sea, an Críost a d'éag
chun na miotas ón domhan a scuabadh –
      anois is miotas é féin.
Níl iontu ach gearba an eolais is cancairí sa ghabhal:
súmairí an anama iad, ag sú go teann.

and hung around each poet's neck
are the tanned relics of his father's scrotum.

History is only selected Time –
there are poems a-plenty, but the editor's bribed,
the king's lackey with the fool's mind.
History is only for the man displaced –
it's the hump on his back, his *raison d'être* –
he converses daily with the great.
Isn't it grand to meet with Plato,
or drink in the pub with Emmet, the *craythur*;
or often with Christ to discuss your views
('tis a great solace to an author
when he thinks of the death of a million Jews.)
Oh, 'tis our hump and our very substance,
our healing and our holy ointment:
our minds think only (being so impoverished)
of quietness, and crookedness, and corpses.
History is a mere poultice
drawing pus from the hopeless:
it stains the white mind with its themes;
it entices the dark to the *céilí*
to spin, to swing, to escape again
back to the corner with lonely mind.
And greatness palls with Christ and Plato
and the poet is left with his empty soul
like a chalice lonely beneath the soil.

Like mousefur in a cat's mouth
    or a bloodclot seeking a brain,
the white myths are stalking
    the old poets' veins:
Icarus, Meadbh and Christ –
    yes, the Christ who died
to free the world of mythologies
    is himself mythologised.
These are scabs of knowledge, and cankers in the groin,
the leeches of the soul sucking strong.

Nuair is tuirseach sinn is scanraithe
    is nuair éagann an fhilíocht
cuirimid na taibhsí bána i dtalamh dóite an ghairdín.
Is é ár mbaothchreideamh go bhfuil siad beo –
na mairbh atá marbh is beidh go deo.
Zéus agus Vénus, finscéalta ón scoil scairte,
líonann siad ár mbolg is múchann siad an tart ann
is an dán ocras: ithimid ar ár dtoil
is ligimid brúcht asainn a chloistear san ollscoil.
Bíonn Márs is a sciath aige á spreagadh is ag gáire
(seansaighdiúirí is an tír féna smacht acu
spreagann siad an t-aos óg chun troda is catha).
Slán leis an áilleagán, an tseoid is an bréagán,
slán le Ióbh, le Gráinne is le Daedalus,
le maidí croise is giobail tá ag crochadh sa séipéal
mar shlánadh caorach ar thor tobair naofa.

Ní file go máistir focal, ní file go ceird
ní file go hoiliúnt, ní file go fios dán –
gach dán atá ar domhan, a dhéanamh is a cheolsan,
ach seachain na bratacha is clog lobhair an eolais,
seachain bheith id shaoithín is id leabhar beo:
ní file go fios datha, fios deilbhe is ceoil.
Ach ní thig leat dath a scríobh, ná siolla eibhir
a bhreacadh síos – sin gníomh file daibhir.
File a phléann fiúg, cuireann sé gaoth le gaoith
is deineann praiseach is prácas as obair na saoithe
ach nuair is bán sinn is folamh de ló nó istoíche
alpaimid leigheas na foghlama siar chun faoisimh
is tuislímid go sonasach go dtí an carn crotal
ag carbhas go socair i dtábhairne an tsotail –
ach ní beacha sinn tá lán t'réis taisteal círe
ach puchaí atá breoite t'réis foracan géarfhíona.

Ar a ghogaí orm istoíche bíonn an Traidisiún.
Seanrud é is ocrach, lan d'ailpeanna luachra
ag béiceadh 'ógláchas! aicill!' agus 'uaim!'

When we're tired and frightened
    and when poetry dies
we plant the white ghosts in the scorched garden.
We believe that they're alive –
the dead forever dead, except in our silly minds.
Zeus and Venus, fables from the hedge
schools, fill us and take the edge
from thirst and poem-hunger: we're now well fed
and the university listens to our belch.
Mars with his shield incites, amused,
when the land of old soldiers is badly ruled
and aflame with discontented youth.
Goodbye to frippery, to jewellery, the toy;
to Jove and Gráinne and Daedalus, goodbye;
to churches hung with miracles
like sheeps' afterbirth by Holy Wells.

A poet must master words, must learn his trade;
must be schooled in poetry, know how poems are made:
every poem in the world, its song and make.
Avoid labels and lepers' bells,
avoid the pedant pedagogical:
no poet is without colour, without stone, without chord.
But colour and granite won't yield to words,
the impoverished poet's syllables.
The poet's fugues add wind to wind
and wreck the work of greater men,
but white and empty, day and night,
we dose ourselves with others' thought
and stumble blithely to the heap of husks
and carouse safely in the pub –
we're no bees replete in the hive
but drunken wasps in the height of horrors
from sucking too much vinegar.

And always at night antique Tradition,
lizard-infested, screams its mission:
'assonance! alliteration!' and 'free verse!';

is gráscar file ag freastal air, ag sá ina bhundún
na mílte méadair leamha, na céadta seantiúin.
Ach: is ionann an mhuc is a máistir
is fé bhrat an t-soir is an t-salachair
tá cnis nach bhfuil uaithi óglachas
na lón lofa an ghráscair.
Ní córas é tá seargtha, ach cnuasach á athrú
nach n-aithníonn a shagairt (déircigh an chlú)
a chaitheann dánta is daoine isteach ina chraos
is é ag bramadh go cumhra friotal tríd an aer –
túis atá taitneamhach ag a bhaothchléir.
Sea, is baoth na gleannta féin, is leamhársa a bpraitinn:
seachain na fallaí briste, ná héist le haicill aitinn.
Seachain é, an Traidisiún tá bréagach
nó beidh do chnis lán de léasaibh:
ceilfidh sé an file is loitfidh sé a bhéarsaí
is beidh im úr bhur dántaibh
caillte faoi ghéarshubh airne.

Mise uaigh an dóchais is reilg na fírinne,
diúgaire cáile is alpaire fuílligh.
Ní dheisfidh córas na n-ard braonanuas mo chroíse
ná an poll im anam mar a shileann ann maoithneachas.
Athchruthaím mé féin le cluasa Plato,
le sróin Freud, le hórdóig Hegel,
fiacla Bergson is croiméal Nietzche:
na baill a thugann don leathchorp íce.
Tá Buddha plódaithe isteach sa slua ionam,
tá teagasc críonna sean-Lao Tzu ionam:
tinneas goile im anam atá am chrá
is pléasctar mo chorp ina fhearthainn bhláth.
Tuitim síos le mórchioth file –
agus bláthanna gan chumhra iad uile –
le ceannbháin Kant is aiteal Aristotle,
sáiste Schopenhauer: na fealsaimh is a sotal.
I measc na ngas is na ngéag ina gcoillte
bím mar leanbh ar strae i bpáirc iománaíochta:

its retinue of poets shove up its arse
their ancient airs and metaphors.
But the pig is as its master
and, though the sheet be loused, dirt-plastered,
the skin beneath doesn't need
the rowdy rabble's rotten feed.
It's not a static system, but an accumulating change
that its priests don't recognise (those beggars of fame)
who stuff its maw with people
and poems till the creature
farts phrases fragrant to the sky –
an incense they find agreeable, if high!
Avoid the silliness of glens and their decaying placenames;
avoid the broken walls, the gorse's assonance.
Shun that sham, Tradition,
or 'twill welt your skin's condition;
it will smother the poet's vision
till the butter of your songs
is lost in bitter sloe-jam.

I am the grave of hope and the tomb of truth,
swiller of fame, gulper of residues.
The systems of great men will never mend
my heart's drop-down, the leak of sentiment.
I construct myself with Plato's ears,
Hegel's thumb, Freud's beard,
Nietzsche's 'tache and Bergson's teeth
to make my body whole, complete.
I add Buddha to the crush
and Lao Tsu's teachings are a must:
but a pain in my belly upsets my powers
and my body explodes in a rain of flowers,
and down I come with a shower of poets –
oh, they're some flowers, these perfumed oafs
with juniper of Aristotle, bogcotton of Kant,
sage of Schopenhauer, arrogant.
Here in a wood among stem and branch
like a child lost at a hurling match,

cloisim an gháir mholta ón slua ann
ach ní fheicim ach na mílte cóta móra.

Mise Frankenstein agus a chréatúr
de bhaill is fuílleach is seile déanta.

An file ag caint le Dia – an seanscéal san,
an 'mar dhea' ársa, níl a leithéid ann:
ní chreideann aon fhile i nDia ná i nDéithe
gé go gcreideann sé sna naoi mbéithe.
Nuair a éagann sé, éagann a dhia leis,
is éagann ailse, galar ae agus croí leis:
éagann a inchinn is a mhagairlí leis
is éagann eagla roimh an neamhní leis:
éagann an chuilt chlúmhghé sa spéir thuas –
gach fear ina Chríost is an crann réidh dó.
Do Dhia ariamh file níor labhair
gé anamchara Críost é is é as a mheabhar.
Siúlann sé faoi spéir is tagann áthas iontach –
triallann sé go tobair chun comhrá le Bríd ann,
ag lorg a grásta is tinfeadh a póige:
ní file ansin ach ambasadóir é.
Tréigeann sé tír agus tréigheann sé dánta –
cosúil leis an uair do bhí aigne bán agam
is dheineas iarracht ar chaint leis an Dúileamh
is do chaith na réalta seile i mo shúilibh.

An meafar, máthair na filíochta,
fál an fhile, tiarna na samhlaíochta –
an té a bhraitheann an domhan gan meafar
éagann sé roimh aois a tríocha.
Éist go cruinn leis an méid atá ráite agam –
táim in aois a daichead is seacht gcat báite agam.
Chonaic mé a súile céasta
a bhfiacla feargacha mar réalt tar éis pléascadh.
Ar mo láimh bhí bráisléid fola
is tháinig bolgáin ón éag san fholcadáin.
Do thumas isteach i luaith tí an tsúbhachais

– 86 –

I hear the cheering of lusty throats
and see only a thousand coats.

Oh, I am Frankenstein and his creature
made of spittle, and bits and pieces.

The old story – the poet and God
conversing together – that's all wrong.
There is no poetic pantheon
though the nine muses keep him going.
When he dies, his god dies with him,
and cancer-, and liver-, and heart-condition:
the poet's mind and balls die with him,
and fear of the void dies also with him:
the goosedown quilts fade in the air –
each man is Christ and his cross waits there.
No poet ever spoke to God
though he turns to Christ when he goes mad.
He walks under heaven like a simple *eejit*
and goes to the well to talk to Bridget.
Courting her grace, and seeking to kiss her, he
is no poet but an emissary.
He abandons country, he abandons rhymes,
as when I myself had a white mind;
and God can't blame me, because I tried
and the stars rained spittle in my eyes.

Poet-protector, poet-mother
lord of symbols, the metaphor.
A world without metaphor is a world dirty:
who sees it thus, dies at thirty.
Listen well to what I set down –
I'm forty years, I've seven cats drowned.
I have seen their tortured eyes,
their manic teeth like stars gone wild.
They clawed a bracelet on my hand
as death bubbled in the bath.
I dived to the ash of a likely pub

is bhí fiacla na gcat dubh ón suíche.
A mheafair, a mháthair, beidh mise id athair:
bí liom le solas is nimh linbh ata.
Ceansóidh mé thú ach beidh mise id chapall,
beidh an srian agam ach beidh tusa id mharcach.
Téann na meafair ar fara le faontuirse
is méadaíonn an diuáin féna chosa
gnáthfhara, gnáthmheafair, gnáthfhile:
ní hionadh go bhfuil na préacháin ar mire
ag stracadh na gcrann, ag bualadh ina gcoinne –
táimid go léir ag lorg meafar,
lán d'ablach, ag cagáil is ag tafann –
tá cór díobh ag canadh mo ráitis-se:
'daichead bliain is seacht gcat báite agam'.

Do b'olc é an domhan gan ach dán ann,
do bheadh an bith chomh nocht le fásach:
gan ach eala, lile is rós ann –
ba bhocht iad ár fauna is ár flora.
Ní bheadh ann ach luisne ildathach,
suairc agus duairc, abhac is fathach.
Má cheiliúrann file an domhan is a anam
is gach atá iontach is annamh
cá bhfuil trácht ar an bpilibín eitre?
Cá bhfuil nead an ghabha uisce?
Mura mbeadh ann ach filiméala,
camhaoir ar maidin is luí na gréine
ní bheadh againn ach domhan bréagach.
Sinne ne leaids a adhrann saoirse
nach bhfuil uainn ach moladh na ndaoine:
sinne na leaids a phulcann na géanna
le coirce dreoite chun ramhrú a n-aenna.
Sea, chailleamar an toghchán ar son ár bpáirtí
is caithimidne éadaí dhein fear nach ceardaí.
Sinne na mangairí a dhíolann cadás in ionad síoda,
sinne do cheap an domhan tá lán de dhreoilíní.

and the cats' teeth became black from soot.
Metaphor, mother, I'll be your sire:
give me your poison, give me your light.
I'll break you in, but I'll be your horse;
I'll hold the reins, but you'll be the jock.
Tired metaphors go to roost
and the dung piles up beneath their toes,
same old roost, same old symbol, same old poet:
no wonder the crows are all insane
stripping the trees and banging against them –
for metaphors now we're madly searching,
full of carrion: cackling and barking –
the crow-choir echoes what I set down:
'forty years and seven cats drowned.'

Imagine a world with nothing but poems,
desert-naked and bare-boned:
with nothing but swans and lilies and roses –
such a meagre fauna and flora.
All the foliage in technicolour,
dwarf and giant, joy and squalor.
If poets celebrate the world's soul
and the rare and wonderful they extol,
where's the mention of the plover?
Where's the nest of the water dipper?
If no bird sang but philomel,
and nothing was but sunrise, sunset,
the world we live in would be hell.
We're the boys who adore freedom
wanting only the praise of people:
we're the boys who fatten geese
to swell their livers for our feast.
We lost the election for our party,
the rags we wear make tailors narky.
We promise you silk and we give you cotton,
we fill the world with wrens from top to bottom.

Níl san fhile ach dánta i gcnuasach –
tá gach a raibh ann de idir dhá chlúdach:
is iad a dhánta a fhíorleac –
níl fágtha ach fínscéal is tagairt sheasc.
Níl againn ach fios mar lón anama
is ní iarrann an Bás uainn tada
ach sinn féin amháin agus méid ár bhfeasa.
Caitheann an fear cróga eolas uaidh go flúirseach
nó éiríonn sé faitíosach, uaigneach
is titeann na soip do ghoid sé ó dhaoine
is tagann an braon isteach tríd an díon air
is ní folamh ansin an t-anam rolíonta
is cruann an tuí is múchtar na soilse
is ní bán é anois an aigne bhí riamh bán.
Bás a fháil gan eolas atá pearsanta
fíordhorchadas is ifreann ceart é:
eolas aonda a thabhairt don domhan
sin an t-aon síoraíocht atá ann.
Bás cáig, sin bás gan aon agó,
nead a loitear in anfa an fhómhair.

Níl sa ráiteas ach dán gan bhod –
ceiliúr nó sluaghairm – sin a chualamar.
Iomann don oifigeach mhustrach í –
fadó, ba Róisín Dubh ár dtír,
inniu ina taoiseach nó ina easóg le púicín
nó trá gainmheach le héan lán d'íle.
Sluaghairm tá uaithi anois is ní hiad dánta
ná amhráin ach an oiread, ach baothráiteas.
Is ceart don fhile bheith tréatúrach ina dhántaibh
ach bheith ina laoch is gunna ina láimh aige.
Ní fiú broim an dán sa charcar,
ní dhingfidh sé clogad, ní stopfaidh sé urchar:
ní chothóidh sé éinne in am tortha lofa,
ní bia sa chorcán é don chlann sa ghorta.
Go raibh gorta is cogadh ar na staraithe go deo,
go raibh na dánta tírghrácha ag an bpopstar ghlórach.
Níl tír ag file ach amháin an Ceart,

The poet is only his collected verse,
and all he was is contained in books:
His poetry is his true memorial –
other than that, mere fables and stories.
Our viaticum is knowledge
and death wants nothing from us
but ourselves and our knowledge.
The brave man spends knowledge freely
or else grows frightened, growing lonely;
and the straws fall that he stole from others –
his roof leaks on him. He shudders:
his bloated soul no more will hunger
and his once white mind is white no longer
and the thatch hardens, and the lights are smothered.
To die without knowledge of yourself
is the worst darkness, the worst hell:
to bequeath your truth to humanity
is the only immortality.
A jackdaw's death is a death, without question –
a nest torn down by the storms of autumn.

Statement is castrated verse –
a cry, a slogan – so we've heard:
the hymn of the pompous clerk.
Once our country was *Róisín Dubh*:
today it's a warlord, a stoat with a hood,
a sandy beach with an oil-soaked bird.
Of slogans now you can take your pick –
not poems or songs but rhetoric.
Where verse is treacherous, 'tis fitting and right
for the poet to turn fighter with an armalite.
A poem in prison isn't worth a fart –
won't dent a helmet, won't stop a shot:
won't feed a soul when the harvest rots,
won't put food in hungry pots.
Famine and war to all historians!
May popstars roar our ballads glorious!
Justice is the poet's land:

níl muintir aige ach ualach taibhreamh.
Is féidir leis mealladh is múscailt is cáineadh
le focail nach fiú cannaí stáin leis.
Go léime buataisí ar an gcloigeann
a dhéanann dearmad ar chontúirt na hintuigse.

Nach ait é an créatúr an duine daonna
a chreideann i ndia is i ndiabhal le chéile,
a bhíonn ag gabháil le cogar cianach rúnda:
'bás agus beatha agus grá agus fuath'.
Do dhún na blianta mogaill ár súl
is 'tagann catha', is 'buíochas le Dia' uainn
is múineann dream ne heaglaise umhlaíocht duinn –
'an cogadh cóir' a sheanmóin, is an grá!
Do cheapadar an deoch suain is éifeachtaí atá –
an Uilíoch nó uile-íoc ár bpian.
Do dhein an Uilíoch naíonáin dínn,
do dhein sé steancán as ár litríocht,
do dhein sé paidir as seandán camhaoire
is leanaimid go meata é le binnscríbhinn –
ag síorlorg dide na clochaoise.
Tiocfaidh cogadh mar creidimid i gcogadh fós:
is sólás iontach é an cogadh a bheith romhainn –
is é ár rogha dide é, an cogadh dána:
mar is Uilíoch é, gnáthrud gránna.

Cuir im ar m'arán, im na cáile,
is subh éachtach déanta as fuil mo chairde.
Is annamh an rud é file atá macánta,
slíocann sé an searrach a mholann a dhánta
is sánn an t-ainmhí fiacal i gcroí a láimhe.
An cine, an mhuintir agus an treabh –
moltar is cáintear iad mar is ceart,
ach níl cara daonna sa pharlús scáfar
ach amháin braitlíní mar thaiséadaí bána
mar bhrat ar arrachtach nó ar thábla.
Is féidir le file a shaol a líonadh
le clann, le cairde is le dea-dhaoine

he has no family but a load
of dreams to sting, and coax, and goad
with words as worthless as tin cans.
May heavy boots stomp on the head
that forgets the danger of being understood.

Your human being is a funny bloke
believing in god and the devil both;
secretly whispering early and late:
'life and death, and love and hate'.
Long years have closed our eyes,
'war will come' and 'thank God' we cry –
the clergy have taught us to be shy
preaching 'the just war' and 'love!'
Oh, they doped us with their drug –
their Universal God Above.
The Universal made us infantile,
cut our literature down to size
and pagan dawnsong is Christianised.
Like cowards we follow with our sweet scribble
always in search of a stone-age nipple.
War will come for we believe in war:
it's a great consolation to know this for sure –
it's our choice of nipple, this barefaced warring:
it's Universal, common, ordinary.

Butter my hand with reputation,
spread the terrible jam of my friends' ruination.
'Tis seldom you see a poet honest:
he strokes the foal that praises his sonnets –
that brute would bite – keep your hand far from it.
The tribe, the people, and the race
are rightly blamed and rightly praised;
but there's no friend in that spooky parlour –
just sheets like shrouds
over tables, over spectres.
A poet can fill his life
with family, friends, his kids, the wife,

ach níl réiteach a cheiste móire ag éinne acu:
muna bhfuil gá le filíocht cén fáth go bhfuil filí ann?
Aonarach is tréadúil, ar a chiall nó as a mheabhair
caite ó chothú na cuaiche ina cheann:
saineolaí formaid ag mealladh go teann
gach drochmheas is fonóid atá ar domhan:
ag tairiscint bronntanas is bróid i measc na sluaite
le hais na dtaiséadach is an troscán olc-iontach
i bparlús a chloiginn ag gol is ag caoineadh –
gan chara aige, gan treabh, gan mhuintir.

Is francach í an fhilíocht gafa idir fhiacla,
fiacla na tagartha, fiacla na haidiachta.
Is nimhneach iad araon, go háirithe an aidiacht
bhinnghlórach: bíonn smólaigh Mumhan ag screadaíl
amhrán mar chac gabhair ar dhruma.
Ón aidiacht tagann ainm lag tar éis cumaisc –
is ospidéal máithreachais gach dán do chumas,
ainmeacha ina n-othar ann is iad ina máithreacha,
is an tUasal Ó hAidiachta ag feitheamh le dul-in-airde.
Tóg an speal chucu, gearr is bain iad,
déan carn cáith díobh, is cuir é tré thine
is chífidh tú tríd an deatach muid – is ainmneacha sinne.
Ní glas é crann ar bith, is crann é, do chuala –
is rud é crann, is ainm: níl sa 'glas' ach tuairim.
Ach seachain tú féin, a spealadóir,
tá páirc mhaol dán lán de bhallghleo:
tabhair cabhair don fhilíocht, scaoil a bóna
is lig don ainm anáil a thógaint.

Do chuaigh critic amú i ndán uair amháin:
ní fhaca sé aon suaitheantas ann.
Do bhrúigh sé gach míne ann faoi chos –
chuala mionbhrioscarnach: thosnaigh sé ag gol.
Thosnaigh sé ar a dhia a ghuí,
d'iarr sé cabhair ón ollscoil is a taibhsí.

but none can answer his overwhelming question:
how poets exist with no attention.
Loner or gregarious, sane or mad,
worn from nourishing the cuckoo in his head;
expert in envy, lord of the absurd,
attracting every jibe and snigger in the world:
strewing pride and presents among the crowds
beside the grotesque tables and the shrouds,
in the parlour of his head mourning and weeping –
homeless, friendless among his people.

Poetry is a rat trapped: it cannot live
in the fangs of allusion, the fangs of adjective,
poisonous both, especially the latter,
sweet as the Munster thrushs' chatter,
their songs like goat-shit on a drum.
The adjective produces a sickly noun,
and all my rhymes are maternity homes
where nouns are patients and mothers both,
and my Lord Adjective is outside
waiting his chance of another ride.
Cut 'em down, and dry, and turn 'em,
and make a heap of 'em and burn 'em
and through the smoke, our names you'll see:
no tree is green – a tree is a tree.
A tree is a name, and real too:
green is only a point of view.
But be careful when the scythe swings
for the stubble is full of warshocked limbs.
Give poetry a hand, undo its collar,
give the noun air, or it will smother.

A critic floundered in a poem once
for want of signposts, the poor dunce.
He crushed each subtlety underfoot
and wept, hearing their brittle crunch.
He prayed to God that he might see;
he invoked the ghosts of the university.

'Díreach ar aghaidh' do fhreagair, 'go líne fiche naoi'
is do bhí a chomhartha ann, tagairt do Dante:
d'aimsigh sé a shlí amach is an dán do mhol sé.
Ní fhaca sé an ceard ná na snas bhí ann
ná na rudaí rúnda míne bhí lán de chumhacht –
ach amháin an suaitheantas gan slacht.
Bhí a chompás gan tairbhe insan áit
nach raibh aon tuaisceart ann le fáil.
Cad is critic ann, in ainm Bhríde bheo?
Nó an bhfuil aon 'chomhchoibhneas oibiachtúil' ann dó?

Cad tá fágtha nuair a chríochnaíonn an píobaire?
Dríodar, seile, macalla is triacla.

Bhuel, tar éis sin uilig, tá an fhadhb fós fágtha:
an dán a mhairfidh, an mbeidh sé daonna?
Brisim mo riail féin mar ní riail é
ach uím bheithígh de leathar déanta,
ceangailte ormsa, miúl na héigse.

Gé seift mise, táim aonarach.
Táim umhal is táim sotalach,
is inbhriste iad mo rialacha:
líon deich leabhar chun rá: ná habair faic.
Bí umhal don éiclips ach coimeád giota ré leat:
bí id sholas beag, bí id eisceacht.
Súigh an phluma is caith amach an eithne –
titfidh sí san aoileach
is beidh míle crann ag feitheamh leat.
Ná bí iomaíoch: níl againn ach dánta,
rudaí nach mbíonn rafar
faoi thaoiseach ná pápa.

Is seo í Éire, is mise mise.
Craobhscaoilim soiscéal an neamhaontaigh.
Obair ghrá is ealaíne, sin an méid a éilím
chomh folamh le nead gabha uisce
chomh bán le bolg gé.

'Straight ahead,' came the blessed answer,
'to line twenty-nine, and look for Dante,'
and, released, he praised the poem, the chancer.
He saw no polish, or craft, or care
nor the subtle power of the poet aware –
only that ugly signpost there.
His compass was of no account
in a place that had no north or south.
What's a critic, in the name of Bridget,
or can any 'objective correlative' gauge it?

So, what is left when the piper ceases?
Dregs, spit, echoes, treacle.

There's still a problem, all said and done:
the poem that lives, will it be human?
I break my dictum – it's not a rule
but a harness on me, poetry's mule.

I am a conspiracy of one.
I'm humble, arrogant; when all is done,
my rules are easily broken:
I fill ten books to say: let nothing be spoken.
Serve the eclipse, keep a slice of the moon,
be a small light, be an exception too.
Suck the plum, spit out the stone –
it will land on dung
and a thousand trees will grow.
Don't be competitive: all we have is poems,
things not answerable
to leader or pope.

This is Ireland, and I'm myself.
I preach the gospel of non-assent.
Love and art is the work I want
as empty as a dipper's nest,
whiter than a goose's breast –

Bóthar an fhile gan chlochmhíle air,
bóthar gan stad i n-óstan an ghrinn air,
bóthar le luimheanna gan aird air
ag bogadh go ciúin ó na claíocha áilne.

the poet's road with no milestone on it,
a road with no wayside stop upon it,
a road of insignificant herbs
welling quietly from every hedge.

Róisín Dubh: an allegorical name for Ireland

FÉINTRUA

Mícheál Ó hAirtnéide

Níl sna leathnaigh seo
ach giota beag dem aigne
(céad véarsaí nó dhó,
an gnáthrud gearrtha astu
ag feitheamh ar an dea-rann,
ar an líne shnasta,
gan iad ag lorg cáile:
an cháil a loiteann an inchinn,
fágann ina bainne géar í
gan ach meadhg inti).
Níl ann ach ladhar díomsa
gan suim ionam ag criticí
gan chuntas ó mo chairde,
fear dearúdta ag an litríocht,
im bhastard, im aonarán:
tá na Gaeil amhrasach romham
's ceapann na Gaill gur
as mo mheabhair atáim.
Siúlaim sléibhte iar-Luimní,
breac-Ghalltacht mo dhúchais:
do thréig mé an Béarla –
ar dhein mé tuaiplis?
Ní thaitníonn na mairbh liom
Is seachnaím na beo:
ní aontaíonn mo chairde liom
's ní aontaím leo.
's nuair léim filíocht an lae inniu
gáirim coillte peann
's goilim deora dúigh.

MICHAEL HARTNETT'S BLUES

In these pages you will find
only a fragment of my mind,
a hundred verses, maybe two;
I cut out the ordinary in lieu
of the long-awaited well made verse,
the polished line that avoids the curse
of the fame that corrupts the mind
and sours the milk of human kindness
leaving only whey.
There's little of me upon the page
ignored by critics, without regard,
from my friends there's not a word,
a man forgotten by literature,
a bastard, a loner: the Gaels not sure,
in gravest doubt about my kind,
to English speakers I'm out of my mind.
I walk west Limerick where I still
find Irish spoken in my native hills:
I abandoned English – for good or ill?
I avoid the living, don't like the dead,
my friends don't agree with me, nor I with them.
With today's poetry I find no link,
I laugh forests of pens,
I cry tears of ink.

POKER

Michael Davitt (1950–)

Nach ceait mar atá
ag deireadh an lá
tar éis grá
na gaoithe binbeach,

d'imigh sí uait
is d'fhág sí tú
gan phunt
gan tuiseal ginideach.

POKER

Isn't it cat, my friend,
at the day end
after love
like a wind that's venomous,

she's left and gone
and here I am
flat broke
without a genitive.

RAGHAM AMÚ
do Ghabriel

Michael Davitt

Is bás, dar liom fós, freagairt,
Is beatha fiafraí –
Ragham amú tamall eile
Is chífeam an tír.

– Seán Ó Ríordáin

ragham amú
siar ó dheas
aniar aduaidh
beam ag tnúth
le teas an ghutha
ragham ag triall
ar Rí na bhFeart
is i ndeasghnáth
coinnle is craicinn
i gCaiseal Mumhan
dófam ár seascdhámh
i dtine chnámh
is scaipfeam an luaith
ar choincleach an traidisiúin
ragham amú
déanfam dearmhad
ar mhórdhearmhad
i seachrán sléibhe
nó ar maos
sa riasc
idir Altán Mór
is Altán Beag
ag stáisiún traenach
Chaiseal na gCorr
fágfam slán
leis an traein stairiúil
a théann amú

WE WILL STRAY
for Gabriel

An answer, I still think, is death,
To question is to live –
We will stray another while
And see the land

                              – Seán Ó Ríordáin

we will stray
south-west by south
from the north-west
we will expect
the heat of the voice
we will seek
Almighty God
and in the rite
of candles and skin
in Cashel of Munster
we will singe our barren bards
in a bonfire
and scatter their ashes
on the mildew of tradition
we will stray
we will make mistake
on big mistake
in our mountain wandering
or steeped
in a marsh
between *Altán Mór*
and *Altán Beag*
at the railway station
of *Caiseal na gCorr*
we will bid farewell
to the historic train
that goes astray

ragham amú
ag guthántaíocht
ó pholla go polla
i gcearnóga feinistreacha
Bhleá Cliath a dó
go loiscfear sinn
i ndeargchogar
an ghutha mhóir
tabharfam timchuairt
na himpireachta lathaí
ar ghlúine gágacha
ag gairm go hard
na máistrí
Ó Bruadair
Eoghan Rua
Aodhagán
cuirfeam dínn
an cian oidhreachtúil
is ragham amú
tá an guth
ag tuar ré nua
ré an duine bhig
ré an tsaoil istigh
ré an tSasanaigh
ré an Éireannaigh
ré na bprátaí úra
sáfam biorán suain
i gcroí an bhuama
ár gceann i súil
an hairicín
canfam roscanna breithe
roscanna fáis
ní dhamnóm
ach Ainglín an Uabhair
daonnóm an Eaglais
cuirfeam deireadh
le mór is fiú
ragham amú

we will stray
telephoning
from poll to poll
in the windowed squares
of Dublin 2
until we are burnt
in the bloody whisperings
of the great voice
we will force a circuit
of the muddy empire
on chafed knees
calling loudly on
the masters
Ó Bruadair
Eoghan Rua
Aodhagán
we will banish
the hereditary depression
and we will stray
the voice
is heralding a new age
the age of the small man
the age of the inner life
the age of the English
the age of the Irish
the age of new potatoes
we will anaesthetise
the heart of the bomb
our head in the eye
of the hurricane
we will sing birth-songs
growing-songs
we will condemn only
the Angel of Pride
we will humanise the Church
we will end
conceit
we will stray

is i ndeireadh an chúrsa thiar
mairfeam faoi adhall
ag cur tráthnóntaí
píopaí cré amú
ag claochlú
claochlóm
ragham uasal
ragham íseal
éireom

and at the end of the day
we will live in heat
sending evenings
of clay pipes astray
changing
we will change
we will go proud
we will go low
we will go

DO BHOBBY SANDS AN LÁ SULAR ÉAG

Michael Davitt

Fanaimid,
mar dhaoine a bheadh
ag stánadh suas
ceithre urlár ar fhear
ina sheasamh ar leac fuinneoige
ag stánadh anuas orainn
go tinnealach.

Ach an féinmharú d'íobairtse?
ní géilleadh, ní faoiseamh;
inniu ní fiú rogha duit
léimt nó gan léimt.

Nílimid cinnte
dár bpáirtne sa bhuile;
pléimid ceart agus mícheart
faoi thionchar ghleo an tí óil;
fanaimid ar thuairiscí nua,
ar thuairimí nua *video*.

Fanaimid, ag stánadh,
inár lachain i gclúmh sóch,
ar na cearca sa lathach
is an coileach ag máirseáil thart
go bagarthach ar a ál féin,
ar ál a chomharsan
is i nguth na poimpe glaonn:
'coir is ea coir is ea coir'.

Thit suan roimh bhás inniu ort.
Cloisimid ar an raidió
glór do mhuintire faoi chiach,
an cumha ag sárú ar an bhfuath:
is é ár nguí duit
go mbuafaidh.

FOR BOBBY SANDS ON THE DAY BEFORE HE DIED

We wait,
like people
staring up
four floors at a man
standing on a window-sill
who is staring down at us
nervously.

But is your sacrifice suicide?
it is not surrender, it is not release;
today you haven't even the choice
of jumping or not jumping.

We're not certain
of our part in this madness;
we wrangle over right and wrong
when our blood's up in the pub;
we wait for the latest bulletins,
the latest video opinions.

We wait, staring,
like ducks in cosy plumage,
at the hens in the mire
while the cock struts
threateningly around his own brood
and his neighbours'
pompously crowing:
'a crime is a crime is a crime'.

You fell into a death-sleep today.
We hear on the radio
the catch in the voice of your people,
sorrow overwhelming hate:
our prayer for you
is that it will.

URNAÍ MAIDNE

Michael Davitt

Slogann dallóg na cistine a teanga de sceit
caochann an mhaidin liathshúil.
Seacht nóiméad déag chun a seacht
gan éan ar chraobh
ná coileach ag glaoch
broidearnach im shúil chlé
is blas breán im bhéal.

Greamaíonn na fógraí raidió den bhfo-chomhfhios
mar a ghreamódh
buíochán bogbheirithe uibh
de chois treabhsair dhuibh
mar a ghreamódh cnuimh de chneá.
Ná héisteodh sibh
in ainm dílís Dé *ÉISTÍG* ...

Tagann an citeal le blubfhriotal miotalach
trí bhuidéal bainne ón gcéim
dhá mhuga mhaolchluasacha chré.
Dúisigh a ghrá
té sé ina lá. Seo, cupán tae
táim ag fáil bháis
conas tánn tú fhéin?

MORNING PRAYER

The kitchen blind swallows its tongue in fright,
morning winks a grey eye.
Seventeen minutes to seven,
no bird on a branch
and no cock crowing,
a throbbing in my left eye
and a foul taste in my mouth.

The radio ads cling to the unconscious
as the yolk
of a soft-boiled egg
would cling to black trousers,
as a maggot would cling to a wound.
Listen!
for the love of Jesus SHUT UP!

The kettle comes with metallic splutter,
three bottles from the doorstep,
two red-eared mugs of clay.
Wake up, love,
it's day. Here's a cup of tea.
I'm dying –
how're you?

ATHCHUAIRT

Áine Ní Ghlinn

Nuair a tháinig na páistí
le bláthanna na huaighe
mheasas gurbh aisteach é ar dtús
tú bheith thar n-ais
ag gliúcaíocht amach orm
ó leac na fuinnneoige.

Ach tháinig mé isteach air
diaidh ar ndiaidh is
bhraitheas go mba shuaimhneach
do theacht.

D'fhiafraíos díot ar thaitin
na hathruithe sa chistin leat
nó an raibh an bord níos fearr
taobh thiar den doras.

D'oscail tú do phiotail
is tabharfainn an leabhar
gur dhein tú meangadh gáire
is bhí áthas orm gur tháinig tú
fiú go sealadach.

A REVISITING

When the children came home
with flowers from your grave
I thought it strange at first
to have you back
peering out at me
from the window-sill.

But I got used to it
by degrees, and
felt your coming
was a peaceful one.

I asked you if you liked
the changes in the kitchen
or if the table was better
behind the door.

You opened up your petals
and I could have sworn
you smiled
and I was glad you had come back
even for a while.

AN CHÉIM BHRISTE

Áine Ní Ghlinn

Cloisim thú agus tú ag teacht aníos an staighre. Siúlann
tú ar an gcéim bhriste. Seachnaíonn gach éinne í ach
siúlann tusa i gcónaí uirthi.

D'fhiafraigh tú díom céard é m'ainm. Bhíomar le chéile is
dúirt tú go raibh súile gorma agam.

Má fheiceann tú solas na gréine ag deireadh an lae is má
mhúsclaíonn sé thú chun filíocht a scríobh ...
        Sin é m'ainm.

Má thagann tú ar cuairt chugam is má bhíonn 'fhios agam gur
tusa atá ann toisc go gcloisim do choiscéim ar an staighre ...
        Sin é m'ainm.

Dúirt tú gur thuig tú is go raibh mo shúile gorm. Shiúil tú
arís uirthi is tú ag imeacht ar maidin.

Tagann tú isteach sa seomra is feicim ó do shúile go raibh
tú léi. Ní labhrann tú ná ní fhéachann tú ar mo shúile. Tá
a cumhracht ag sileadh uait.

Tá an chumhracht caol ard dea-dhéanta is tá a gruaig fada
agus casta. Cloisim thú ag insint di go bhfuil a súile gorm
is go bhfuil tú i ngrá léi.

Osclaím an doras agus siúlann tú amach.

D'fhéadfá é a mhíniú dhom a deir tú. Dúnaim an doras.

Ní shiúlann tú uirthi. Seachnaíonn tú an chéim bhriste. Ní
shiúlann éinne ar an gcéim bhriste. Déantar í a sheachaint
i gcónaí.

THE BROKEN STEP

I hear you when you climb the stairs. You walk
on the broken step. Everyone else avoids it,
but you walk on it always.

You asked me what my name was. We were together
and you said my eyes were blue.

If you see sunlight at nightfall and if
it awakens a poem in you ...
          That's my name.

If you visit me and I know it's you
because I hear your footsteps on the stairs ...
          That's my name.

You said you understood and that my eyes were blue. You walked
again on it when you left this morning.

You come into the room and I see from your eyes that you were
with her. You do not speak nor do you look into my eyes. Her
fragrance flows from you.

The fragrance is slender, tall, well-formed, and her hair is long
and curling. I hear you tell her that her eyes are blue
and that you love her.

I open the door and you walk out.

You can explain you tell me. I close the door.

You do not walk on it. You avoid the broken step.
No one walks on the broken step. They avoid it
always.

PÁIDÍN

Áine Ní Ghlinn

Ní Páidín ná Pat
ná Paddy fiú
a thugann sé
air féin anois
is é i Londain
ach Patrick
Patrick Conneely
is níor fhéach sé
thar a ghuaille
an uair gur
chuala sé
'Páidín'
á scairteadh
ag guth mná
an mhaidin úd
is é ina sheasamh
tóin le gaoth
ag an aonach *hireála*
i gCricklewood
'Ní Páidín mé'
a dúirt sé leis féin
'ach Patrick
Patrick Conneely'
Scroig a mhuinéal
chun carbhat
nach raibh ann
a scaoileadh
É mar a bheadh seanbhó
ag cogaint na círe
is a theanga á thriáil
'Patrick
Patrick Conneely'

PÁIDÍN

It isn't Páidín or Pat
or even Paddy
he calls himself
now
that he's in London
but Patrick
Patrick Conneely
and he didn't even look
over his shoulder
the time
he heard
the woman shouting
'Páidín'
that morning
he was standing
backside to the wind
at the hiring fair
in Cricklewood
'I'm not Páidín'
he insisted to himself
'but Patrick
Patrick Conneely'
His neck scragged
to loosen
a non-existent tie
Him like an old cow
chewing the cud
trying to get his tongue around
'Patrick
Patrick Conneely'

CRICKLEWOOD 6.00 r.n.

Áine Ní Ghlinn

Bíonn a leagan féin dá scéal féin ag gach éinne
'gus sé an dála céanna é ag Páidín Ó Conaola
nó – gabh mo leithscéal – Patrick Conneely
'Idir postanna atáim' a deir sé
'Tá's agat féin is shíleas os rud é
nach raibh tada eile le déanamh agam
go mbeadh sé chomh maith agam teacht anseo
féachaint an gcasfaí éinne orm –
éinne ó bhaile – Tá's agat féin
No No – Ní easpa oibre ná easpa airgid
Díreach – Tá's agat féin'

CRICKLEWOOD 6.00 a.m.

Everyone has their own version of things
And it's the same with Páidín Ó Conaola
Or – excuse me – Patrick Conneely
'Between jobs I am' he says
'You know yourself and I thought that since
I'd nothing else to do
I might as well come down here
in hopes that I'd meet someone –
someone from home – you know yourself
No No – It's not shortage of work or money
Just – Well, you know yourself'

LITIR Ó BHAILE

Áine Ní Ghlinn

Ag a seacht is ea a thagann fear an phoist
Éiríonn Páidín ag cúig chun
is éisteann le gíoscán an gheata
Sileann na litreacha mar dhuilleoga fómhair
Beireann Páidín orthu sula mbuaileann siad talamh
Cuid den chleas atá ann
Deasghnátha na maidine
Deir Páidín go mbaineann taitneamh
as na litreacha a chur in ord
do na tionóntaithe eile
Bíonn an leaba fuar nuair a théann sé
arís in airde staighre

A LETTER FROM HOME

The postman comes at seven o'clock
Páidín gets up at five-to
and listens for the squeak of the gate
The letters fall like autumn leaves
Páidín catches them before they fall to the floor
All part of the deception
The morning ritual
Páidín says he likes
to sort the letters
for the other tenants
The bed is cold when he goes
back upstairs

AE PHÁIDÍN

Áine Ní Ghlinn

In ainneoin chomhairle an dochtúra
ní éireoidh Páidín as an ól
Cad is fiú d'ae a phurgú
is do chroí istigh á scoilteadh
ag an uaigneas?

PÁIDÍN'S LIVER

Ignoring doctor's orders
Páidín won't give up the booze
What's the point of de-toxing your liver
when your heart is breaking
with loneliness?

GLAOCH ABHAILE

Áine Ní Ghlinn

Sea sea a Mham
Go diail ar fad
Tá árasán agam
dhá sheomra
iad breá cluthar
Teas lárnach agus uile
No níl fón agam go fóill
Ach beadsa chugaibh
don Nollaig
Sea don Nollaig
le cúnamh Dé ...

Leagann síos an fón
Crochann a mhála dufail
ar a ghuaille
a mhála codlata
faoina ascaill
is siúlann ar ais
chuig a bhosca
taobh thiar de
Stáisiún *Waterloo*

A PHONECALL HOME

Sure thing, Mam,
Mighty altogether
I have a flat
two rooms
grand and cosy
Central heating an' all
No I've no phone yet
But I'll be home
for Christmas
Yeah, for Christmas
with God's help …

He puts down the phone
Throws his duffle bag
over his shoulder
his sleeping bag
under his oxter
and walks back
to his cardboard box
behind
Waterloo Station

LÁ EILE THART

Áine Ní Ghlinn

Seasann Páidín ag an gcuntar
Déanann gáire faoi scéal brocach
a insíonn sé dó féin
Labhrann go séimh gáirsiúil
le bean a shiúlann uaidh

Déanann dorn dá dheasóg
Troideann leis an aer
An lámh in uachtar á fháil aige
ar an Sasanach mór groí
a thug *Paddy* air ar maidin

A chiotóg ag pumpáil dí
Ní hionann an bheoir anseo
agus dea-bheoir na h-Éireann
ach fós féin
'Pionta eile, a dhuine chóir'

Ag deireadh na hoíche
fágann Páidín slán
ag fear an bheáir
ag stróinséirí
ag cairde a shamhlaíochta

Siúlann timpeall an chúinne
Déanann a mhún
in aghaidh an bhalla
Caitheann aníos
piontaí na hoíche

Ansin, Amhrán na bhFiann á chasadh aige
Siúlann ar ais chuig a sheomra beag bídeach
Pógann an grianghraf dá Mham
Baineann de a bhuataisí
agus codlaíonn

ANOTHER DAY DOWN

Páidín stands at the counter
laughs at the smutty story
he tells himself
In a soft voice he talks dirty
to a woman who walks away

He makes a fist of his right hand
punches the air
getting the better
of that big bastard of an Englishman
who called him a Paddy this morning

His left hand pumps in the beer
This stuff isn't as good
as the beer in Ireland
but anyway it's
'Another pint, my good man'

At closing time
Páidín bids goodbye
to the barman
to the strangers
to his imagined friends

He walks around the corner
Pisses
against the wall
pukes the night's beer

Then, singing *Amhrán na bhFiann,*
he walks back to his poky room
kisses the photo of his Mother
takes off his boots
and sleeps

SPRAOI AN tSATHAIRN

Áine Ní Ghlinn

Ar an Satharn ceannaíonn Páidín ticéad lae
Trí phunt daichead ar shaoirse na cathrach
Cuireann teas na gcorp gliondar croí air
Bíonn comhráití samhailteacha aige
le stróinséirí a bhogann uaidh a luaithe
is a fheiceann siad gluaiseacht a bheola
Aistríonn Páidín ó thraein go traein
ó thuaidh aduaidh ó dheas aneas
'Bhuail mé amach go *Wembley* inné, a Mham,
an áit 'na mbíonn an snúcar is an sacar ar siúl,'
a deir sé ina litir sheachtainiúil abhaile
'An tseachtain seo chaite bhí mé thíos i g*Clapham*'
Ní deir sé nár fhág sé an stáisiún

SATURDAY SPREE

On Saturday Páidín buys a day ticket
Three pounds forty for the freedom of the city
The heat of the bodies delights him
He holds imaginary conversations
with strangers who bolt
as soon as they see his lips begin to move
Páidín goes from train to train
north south south north
'I hit for Wembley yesterday, Mam,
the place they have the snooker and the soccer,'
he writes in his weekly letter home
'Last week I was down in Clapham'
He doesn't say that he never left the station

GAIRDÍN PHÁIDÍN

Áine Ní Ghlinn

Cuireann Páidín síol
i mbosca beag
ar leac fuinneoige
ar an séú hurlár.
Is aoibhinn leis
an chré a bhrath
faoina ingne.

PÁIDÍN'S GARDEN

Páidín sows seed
in a tiny box
on his window-sill
on the sixth floor
It does him good
to feel the clay
under his fingernails

TURAS ABHAILE

Áine Ní Ghlinn

Thiomáin Páidín abhaile don Nollaig
i ngluaisteán a mbíodh a ghob
ag doras an tséipéil
is na rotha deiridh
fós ag teacht isteach an gheata
Choinnigh sé na cáipéisí
ón áisínteacht *hireála*
i bhfolach go doimhin
i bpóca ascaille
a sheaicéid Dhomhnaigh

A VISIT HOME

Páidín drove home for Christmas
in a car whose front bumper would be
at the church door
while the back wheels
were still coming in the gate
He kept the documents
from the car rental company
hidden deep down
in the inside pocket
of his Sunday jacket

MAIGDILÉANA

do Michael agus Ann Ferry

Cathal Ó Searcaigh (1956–)

I dtrátha an ama a dtachtann sealán aibhléise
aoibh shoilseach na spéire
tím uaim í de gnáth, an ghirseach is deise
de mhná sráide na háite seo;
agus í ar a *beat* ag *cruiseáil* go huaigneach
sa mharbhsholas chnámhach
ag spléachadh go fáilí ar scáilí na gcros teilifíse
ag cuartú a Calvaire go heaglach.

Amantaí eile tím í le haithne an lae
agus í i gcaifitéire ag ól tae
sula bpilleann sí ar an *underground*
abhaile ina haonar go Paddington.
Nuair nach labhraíonn éinne leat, a ghrá,
thíos ansiúd, dubh bán nó riabhach
bhéarfaidh na fógraí béal bán duit agus béadán
i dtumba folamh an *underground*

nó b'fhéidir scéala ón Ghalailéach.

MAGDALENE
for Michael and Ann Ferry

About the time the noose of electric light chokes
the luminous beauty of the sky,
I see her usually, the loveliest young girl
of the ladies-of-the-night around here
on her beat, cruising lonely
in the skeletal half-light,
glimpsing on walls the crosses of TV aerials
as she seeks her Calvary in fear.

At other times I see her at break of day
in a café drinking tea
before she returns on the underground
home alone to Paddington.
When nobody speaks to you, love,
down there, black, white or in-between,
the ads will softsoap you with gossip
in the empty tomb of the underground

or maybe bear tidings of the Galilean.

HIGH STREET, KENSINGTON, 6 P.M.

Cathal Ó Searcaigh

Blasaim ar uairibh
i maistreadh sráide
babhla bláiche
i riocht dáin

HIGH STREET, KENSINGTON, 6 P.M.

There are times I taste
in the street's churning
a bowl of buttermilk
in the shape of a poem

AN TOBAR
do Mháire Mhac an tSaoi

Cathal Ó Searcaigh

'Cuirfidh sé brí ionat agus beatha,'
arsa sean-Bhríd, faghairt ina súile
ag tabhairt babhla fíoruisce chugam
as an tobar is glaine i nGleann an Átha.
Tobar a coinníodh go slachtmhar
ó ghlúin go glúin, oidreacht
luachmhar an teaghlaigh
cuachta istigh i gclúid foscaidh,
claí cosanta ina thimpeall
leac chumhdaigh ar a bhéal.

Agus mé ag teacht i méadaíocht
anseo i dtús na seascaidí
ní raibh teach sa chomharsanacht
gan a mhacasamhail de thobar,
óir cúis mhaíte ag achan duine
an t-am adaí a fholláine is a fhionnuaire
a choinníodh sé tobar a mhuintire:
ní ligfí sceo air ná smál
is dá mbeadh rian na ruamheirge
le feiceáil ann, le buicéad stáin
dhéanfaí é a thaoscadh ar an bhall
is gach ráithe lena choinneáil folláin
chumhraítí é le haol áithe.

Uisce beo bíogúil, fíoruisce glé
a d'fhoinsigh i dtobar ár dteaghlaigh.
I gcannaí agus i gcrúiscíní
thóg siad é lá i ndiaidh lae
agus nuair a bhíodh íota tarta orthu
i mbrothall an tsamhraidh
thugadh fliuchadh agus fuarú daofa
i bpáirceanna agus i bportaigh.

THE WELL
for Máire Mhac an tSaoi

''Twill put a stir in you, and life',
says Old Bridget, spark in her eyes
proffering a bowl of spring-water
from the purest well in *Gleann an Átha*,
a well that was tended lovingly
from generation to generation, the precious
heritage of the household
snugly sheltered in a nook,
a ditch around it for protection,
a flagstone on its mouth.

When I was growing up
here in the early 'sixties
there wasn't a house in the neighbourhood
without its like,
for everyone was proud then
of how wholesome and pure
they kept the family well:
they wouldn't let it become murky or slimy
and at the first trace of red-rust
it was bailed-out with a tin bucket;
every season it was purified with kiln-lime.

Lively, living water, pellucid spring-water
gushed forth from our family well.
In tin-cans and pitchers
they drew it daily
and in the devouring thirst
of sweltering summer
it slaked and cooled them
in field and bog.

Deoch íce a bhí ann fosta
a chuir ag preabadaigh iad le haoibhneas
agus mar uisce ionnalta
d'fhreastail ar a gcás ó bhreith go bás.

Ach le fada tá uisce reatha
ag fiaradh chugainn isteach
ó chnoic i bhfad uainn
is i ngach cisteanach
ar dhá thaobh an ghleanna
scairdeann uisce as sconna
uisce lom gan loinnir
a bhfuil blas searbh súlaigh air
is i measc mo dhaoine
tá tobar an fhíoruisce ag dul i díchuimhne.

'Is doiligh tobar a aimsiú faoi láthair,'
arsa Bríd, ag líonadh an bhabhla athuair.
'Tá siad folaithe i bhfeagacha agus i bhféar,
tachtaithe ag caileannógach agus cuiscreach,
ach in ainneoin na neamhairde go léir
níor chaill siad a dhath den tseanmhianach.
Aimsigh do thobar féin, a chroí,
óir tá am an anáis romhainn amach:
Caithfear pilleadh arís ar na foinsí.'

It was a tonic, too,
that made them throb with delight,
and for their ablutions
it served from cradle to grave.

But, this long time, piped water from distant hills
sneaks into every kitchen
on both sides of the glen;
water spurts from a tap,
mawkish, without sparkle,
zestless as slops,
and among my people
the spring well is being forgotten.

'Tis hard to find a well nowadays',
says Bridget filling the bowl again.
'They're hidden in rushes and grass,
choked by green scum and ferns,
but, despite the neglect,
they've lost none of their true mettle.
Seek out your own well, my dear,
for the age of want is near;
there will have to be a going back to sources'.

OÍCHEANTA GEIMHRIDH
do Sheosamh Watson

Cathal Ó Searcaigh

Oícheanta geimhridh agus muid ag cuartaíocht
i dtigh Neddie Eoin i mbarr na Míne Buí
bhíodh seanchiteal súicheach ag portaíocht
ar an chrochadh os cionn na tineadh
ag coinneáil ceoil le seit na mbladhairí
a dhamsaigh thart i dteallach na cisteanadh.

Bhíodh gaotha na gcnoc ag trupáil fán tairseach
amhail bhuachaillí bradacha nach ligfí isteach
agus muidne le mugaí móra galach le tae
'nár suí go sochmaidh os comhair an tseanchaí;
drithleoga dearga a bhriathra ina spréacha
ag lasadh na samhlaíocht' ionainn go réidh.

Agus é ag drithliú ansiúd ina choirneál scéalaíochta
bhíodh muidne ag airneál fá chlúdaigh a aigne,
ag tabhairt rúscadh na gríosaí dá chuimhne
amanta le ceisteanna casta ár bhfiosrachta
agus é ag eachtraíocht fána shaol ar an Lagán
agus ar fheirmeacha East Lothian na hAlban.

Bhíodh a ghlór chomh teolaí le tinigh smután, lán
de shiosán agus de shrann agus é ag spalpadh
dáin de chuid Bhurns dúinn ó thús go deireadh –
'Tam O' Shanter' nó b'fhéidir 'Kellyburn Braes'
agus chomh luath agus a chanadh sé 'Scots Wha Hae'
tchífeá bladhairí ag splancarnaigh as a shúile.

Bhíodh siollaí gaile ag éirí as a phíopa cré
agus é ag trácht ar mharcraí buile Ailigh
a mhúsclós maidin inteacht le deargadh an lae
le hÉirinn a chosaint i gCogadh an Dá Rí,
is bhíodh muidne ag marcaíocht ar sheanstól bhuí
ag tapú ina n-araicis i mBearna na Mucaise.

WINTER NIGHTS
for Seosamh Watson

Winter nights when we rambled
to Neddie Eoin's at the top of *Mín Bhuí*
a sooty old kettle lilted
on the hook above the fire
keeping time with the flames
as they danced a set on the hearth.

Hill winds clattered on the threshold
– blackguards who weren't let in –
while we composed ourselves, mugs of tea steaming in our hands,
as we sat before the storyteller,
the red sparks of his words spluttering
to life in our imaginations.

While he crackled with stories there in his corner
we'd explore the fire-place of his mind
stirring the embers of his memory
with the vexed questions of our curiosity,
as he'd hold us with yarns of the Lagan
and of the farms of East Lothian in Scotland.

His voice was warm as a bogwood fire
hissing and soughing as he
rattled off one of Burns' poems from start to finish –
'Tam O' Shanter' or maybe 'Kellyburn Braes'
and as soon as he struck up 'Scots Wha Hae'
you'd see the flames flashing in his eyes.

Smoke syllables rose from his clay pipe
when he drew down the mad horsemen of *Aileach*
who'll resurrect some morning at daybreak
to defend Ireland in the War of the Two Kings
while we rode the old yellow stool
galloping to meet them in Muckish Gap.

Is bhíodh muidne ag seilg bídh leis na Fianna
ó Oirthear Dhumhaigh go barr na Beithí,
is ag imirt cnaige le curaidh na hEamhna
ar na méilte féaraigh i Machaire Rabhartaigh;
is chonaic muid an slua sí oíche Shamhna
ag siamsaíocht ar bhealach Fhána Bhuí.

Ó ba mhéanar a bheith arís ag cuartaíocht
na hoícheanta geimhridh seo i dtigh Neddy Eoin,
mo ghoradh féin ar a dheismireacht bhéil
agus é ag baint lasadh asam lena mholadh;
gach focal ina aibhleog dhearg ag spréacadh
chugam go teolaí as tinidh chroíúil a scéil.

Tá sé corradh le fiche bliain anois
ó chuaigh a thinidh as, i mbarr na Míne Buí
ach istigh anseo i gcoigilt mo chuimhne
drithlíonn beo nó dhó den tinidh adaí
is leáfaidh na drithleoga sin an dubhacht
a mhothaím anocht i bhféitheoga an chroí.

And we hunted food with the Fianna
from *Oirthear Dhumhaigh* to the top of *Beithigh*,
played hurling with the heroes of *Eamhain*
on the grassy dunes of *Machaire Rabhartaigh*,
and saw the otherworld on Hallowe'en night
sporting on the road to *Fána Bhuí.*

Oh how I'd love to ramble again
these winter nights to Neddie Eoin's,
to warm myself in the spell of his talk,
blushing in his praise –
each word a red hot coal firing
me from the hearty glow of his story.

His fire is out these twenty years
or more on the top of *Mín Bhuí*
but here in the banked hearth of my memory
a live coal or two from that fire sparkles,
and those sparks will dissolve the gloom
I feel in my heart tonight.

PORTRÁID DEN GHABHA MAR EALAÍONTÓIR ÓG
do Mháire Nic Suibhne

Cathal Ó Searcaigh

Tá me dúthuirseach de Dhún Laoghaire,
de mo sheomra suí leapa in Ascal an Chrosaire.
Áit chúng a chraplaíonn mo chuid oibre
mar ghabha focal
is a fhágann mé istoíche go dearóil
ag brú gaoil ar lucht óil
seachas a bheith ag casúireacht dánta do mo dhaoine
ar inneoin m'inchinne.
A Dhia na bhfeart, tá sé imithe thar fóir
an díomhaointeas damanta seo!
Á! Dá mbeinn arís i gCaiseal na gCorr
ní i mo chiotachán a bheinn, leathbheo.

Ní hé leoga! Ach i gceárta na teanga
bheinnse go breabhsánta
ag cleachtadh mo cheirde gach lá;
ar bhoilg m'aigne ag tathant bruíne
ag gríosú smaointe chun spréiche
ag casúireacht go hard
caint mhiotalach mo dhaoine.

A PORTRAIT OF THE BLACKSMITH AS A YOUNG ARTIST
for Máire Nic Suibhne

I'm sick and tired of *Dún Laoghaire*,
of my bedsit in Cross's Avenue,
a poky place that cripples
my wordsmith's craft
and leaves me nightly in the dumps
scrounging kindred among the drunks
instead of hammering poems for my people
on the anvil of my mind.
Almighty God! It's gone too far,
this damned silence.
If I were back in *Caiseal na gCorr*
I'd not be awkward, half-alive.

No way! But in the smithy of my tongue
I'd be hale and hearty
working daily at my craft
inciting the bellows of my mind
stirring thoughts to flame
hammering loudly
the mettlesome speech of my people.

ANSEO AG STÁISIÚN CHAISEAL NA gCORR
do Michael Davitt

Cathal Ó Searcaigh

Anseo ag Stáisiún Chaiseal na gCorr
d'aimsigh mise m'oileán rúin
mo thearmann is mo shanctóir.
Anseo braithim i dtiúin
le mo chinniúint féin is le mo thimpeallacht.
Anseo braithim seasmhacht
is mé ag feiceáil chríocha mo chineáil
thart faoi bhun an Eargail
mar a bhfuil siad ina gcónaí go ciúin
le breis agus trí chéad bliain
ar mhínte féaraigh an tsléibhe
ó Mhín 'a Leá go Mín na Craoibhe.
Anseo, foscailte os mo chomhair
go díreach mar bheadh leabhar ann
tá an taobh tíre seo anois
ó Dhoire Chonaire go Prochlais.
Thíos agus thuas tchím na gabháltais
a briseadh as béal an fhiántais.
Seo duanaire mo mhuintire;
an lámhscríbhinn a shaothraigh siad go teann
le dúch a gcuid allais.
Anseo tá achan chuibhreann mar bheadh rann ann
i mórdhán an mhíntíreachais.
Léim anois eipic seo na díograise
i gcanúint ghlas na ngabháltas
is tuigim nach bhfuilim ach ag comhlíonadh dualgais
is mé ag tabhairt dhúslán an Fholúis
go díreach mar a thug mo dhaoine dúshlán an fhiántais
le dícheall agus le dúthracht
gur thuill siad an duais.
Anseo braithim go bhfuil éifeacht i bhfilíocht.
Braithim go bhfuil brí agus tábhacht liom mar dhuine
is mé ag feidhmiú mar chuisle de chroí mo chine

HERE AT *CAISEAL NA gCORR* STATION
for Michael Davitt

Here at *Caiseal na gCorr* Station
I discovered my hidden island,
my refuge, my sanctuary.
Here I find myself in tune
with my fate and environment.
Here I feel permanence
as I look at the territory of my people
around the foot of Errigal
where they've settled
for more than three hundred years
on the grassy mountain pastures
from *Mín 'a Leá* to *Mín na Craoibhe*.
Here before me, open
like a book,
is this countryside now
from *Doire Chonaire* to *Prochlais*.
Above and below, I see the holdings
farmed from the mouth of wilderness.
This is the poem-book of my people,
the manuscript they toiled at
with the ink of their sweat.
Here every enclosed field is like a verse
in the great poem of land reclamation.
I read this epic of diligence now
in the green dialect of the holdings,
understanding that I'm only fulfilling my duty
when I challenge the Void
exactly as my people challenged the wilderness
with diligence and devotion
till they earned their prize.
Here I feel the worth of poetry.
I feel my *raison d'être* and importance as a person
as I become the pulse of my people's heart

agus as an chinnteacht sin tagann suaimhneas aigne.
Ceansaítear mo mhianta, séimhítear mo smaointe,
cealaítear contrárthachtaí ar an phointe.

and from this certainty comes peace of mind.
My desires are tamed, my thoughts mellow,
contradictions are cancelled on the spot.

DO JACK KEROUAC
do Shéamas de Bláca

Cathal Ó Searcaigh

The only people for me are the mad ones,
the ones who are mad to live, mad to talk,
mad to be saved, desirous of everything at
the same time, the ones who never yawn or
say a commonplace thing but burn,
burn like fabulous yellow roman candles

Sliocht as On the Road

Ag sioscadh trí do shaothar anocht tháinig leoithne na cuimhne chug-
   am ó gach leathanach.
Athmhúsclaíodh m'óige is mhothaigh mé ag éirí ionam an *beat*
   brionglóideach a bhí ag déanamh aithris ort i dtús na seachtóidí.
1973. Bhí mé *hookáilte* ort. Lá i ndiaidh lae fuair mé *shot* inspioráide ó
   do shaothar a ghealaigh m'aigne is a shín mo shamhlaíocht.
Ní Mín 'a Leá na Fána Bhuí a bhí á fheiceáil agam an t-am adaí ach
   machairí Nebraska agus táilte féaraigh Iowa.
Agus nuair a thagadh na *bliúanna* orm ní bealach na Bealtaine a bhí
   romham amach ach mórbhealach de chuid Mheiriceá.
'Hey man you gotta stay high' a déarfainn le mo chara agus muid ag
   freakáil trí Chailifornia Chill Ulta isteach go Frisco an Fhál Charraigh.

Tá do leabhar ina luí druidte ar m'ucht ach faoi chraiceann an
   chlúdaigh tá do chroí ag preabadaigh i bhféitheog gach focail.
Oh man mothaím arís, na *high*eanna adaí ar Himiléithe na hóige:
Ó chósta go cósta thriall muid le chéile, saonta, spleodrach, místiúrtha;
Oilithreacht ordóige ó Nua-Eabhrac go Frisco agus as sin go Cathair
   Mheicsiceo;
Beat buile inár mbeatha. Spreagtha. Ag bladh adh síos bóithre i gCadil-
   lacs ghasta ag sciorradh thar íor na céille ar eiteoga na m*bennies*.
Thrasnaigh muid teorainneacha agus thrasnaigh muid taibhrithe.
Cheiliúraigh muid gach casadh ar bhealach ár mbeatha, *bing*eanna agus
   bráithreachas ó Bhrooklyn go Berkeley, *booze*, *bop* agus Búdachas;
   Éigse na hÁise; sreangscéalta as an tsíoraíocht ar na Sierras; mari-
   juana agus misteachas i Meicsiceo; brionglóidí buile i mBixby Canyon.

TO JACK KEROUAC
for Séamas de Bláca

The only people for me are the mad ones,
the ones who are mad to live, mad to talk,
mad to be saved, desirous of everything at
the same time, the ones who never yawn or
say a commonplace thing but burn,
burn like fabulous yellow roman candles

From *On the Road*

Leafing through your books tonight, a breeze of memory from
   every page,
My youth was resurrected, and, rising in me, I felt the dreamy beat
   that imitated you in the early seventies.
1973. I was hooked on you. Day after day, your work was a shot of
   inspiration that lit up my mind and stretched my imagination.
Then it wasn't *Mín 'a Leá* or *Fána Bhuí* I'd see but the plains of
   Nebraska or the grasslands of Iowa.
And when the blues descended it wasn't the *Bealtaine* byways that
   lay ahead but the open freeway of America.
'Hey man you gotta stay high' I'd say to my friend as we freaked
   through *Cill Ulta*'s California or *Fál Charrach*'s Frisco.

Your book is shut on my breast but beneath the skin that is the
   cover your heart is throbbing in the muscle of every word.
Oh man! I feel it again, those highs on the Himalayas of youth:
From coast to coast we coasted, naive, vivacious, reckless
Hitch-hiking on our pilgrimage from New York to Frisco and from
   there to Mexico City,
A mad beat to our lives. Inspired. Bombing down highways in hot
   Cadillacs, bombed out of our minds on Benzedrine.
We crossed borders and broke through to dreams.
We celebrated every turn on our life's highway, binges and brother-
   hood from Brooklyn to Berkeley, booze, bop and Buddhism;
   the sages of Asia; envelopes from eternity on the Sierras; mari-
   juana and mysticism in Mexico; crazy visions in Bixby Canyon.

Rinne muid Oirféas as gach *orifice*.

Ó is cuimhneach liom é go léir, a Jack, an chaint is an cuartú.
Ba tusa bard beoshúileach na mbóithre, ar thóir na foirfeachta, ar
thóir na bhFlaitheas.
Is cé nach bhfuil aon aicearra chuig na Déithe, adeirtear, d'éirigh
leatsa slí a aimsiú in amantaí nuair a d'fheistigh tú úim adhainte
ar Niagra d'aigne le *dope* is le diagacht.
Is i mBomaite sin na Buile gineadh solas a thug spléachadh duit
ar an tSíoraíocht,
Is a threoraigh 'na bhaile tú, tá súil agam, lá do bháis chuig
Whitman, Proust agus Rimbaud.

Tá mo bhealach féin romham amach ... *'a road that ah zigzags all
over creation. Yeah man! Ain't nowhere else it can go. Right!'*
Agus lá inteacht ar bhealach na seanaoise is na scoilteacha
Nó lá níos cóngaraí do bhaile, b'fhéidir,
Sroichfidh mé Crosbhealach na Cinniúna is beidh an Bás
romham ansin,
Treoraí tíriúil le mé a thabhairt thar teorainn,
Is ansin, *goddammit* a Jack, beidh muid beirt ag síobshiúl sa
tSíoraíocht.

We made an Orpheus of every orifice.

Oh I remember it all, Jack, the talk and the quest.
You were the quickeyed bard on the road seeking perfection, seeking
    Heaven.
And though there's no shortcut to the Gods, so they say, you har-
    nessed and electrified the Niagara of your mind with dope and
    divinity
And in that furious moment a light was generated that granted you
    a glimpse of eternity
And that guided you home, I hope, on the day of your death to
    Whitman, Proust and Rimbaud.

My own road is ahead of me ... *'a road that ah zigzags all over creation.*
    Yeah man! Ain't nowhere else it can go. Right!'
And some day on the road of old age and rheumatism,
Or sooner maybe,
I'll arrive at the Crossroads of Fate, and Death will be there before
    me,
A gentle guide to lead me beyond the border
And then, goddammit Jack, we'll both be hitch-hiking in eternity.

DIA AON LAE
do Murray Learmont

Cathal Ó Searcaigh

Is cuimhneach liom an fathach sneachta
a ghealaigh chugainn ó Ardán Aindí
maidin gheimhridh i naoi déag seasca a trí
agus mé féin is na Gallchóraigh
ag déanamh cuideachta sa tsneachta.

Is cuimhneach liom an chuil cholgach
a bhí ar bhuidéal bhriste a bhéil agus é
ár ngrinniú leis an tsúil chré
a dhubhaigh as ceartlár a éadain
díreach os cionn chuthrán a ghaosáin.

Is cuimhneach liom an lá is an rírá
a bhí againne ag bocléimnigh is ag scairtigh
thart air go háthasach; adhraitheoirí
ag móradh is ag moladh na híomhá
a thaibhsigh as diamhracht na hoíche.

Is cuimhneach liom an scáth arrachtach
a chaith sé tharainn le héirí gealaí,
ár dtarraingt chuige isteach is mar d'éalaigh
muid abhaile, creathnaithe roimh an neach
a bhí ag iarraidh muid a fhuadach.

Is cuimhneach liom an scread choscrach
a tháinig asainn nuair nach raibh sé romhainn
an mhaidin ghéar ghréine dar gcionn
is mar chuartaigh muid go mion
is go cruinn na coiscéimeanna bána a shleamhanigh uainn.

Ó is cuimhneach liom ár gcaill go fóill
ag amharc oraibhse a ógánacha an cheoil
ag coinneáil cuideachta ansiúd thall

ONE DAY DEITY
for Murray Learmont

I remember the snow-giant
that shimmered for us from *Ardán Aindí*
one winter morning in nineteen-sixty-three
while the Gallaghers and I
were amusing ourselves in the snow.

I remember the angry look
on the broken bottle of his mouth
while he scrutinised us with an earthy eye
that blackened from the dead-centre of his forehead
right above the turf-sod of his nose.

I remember the day and the hubbub
we had bucklepping and shrieking
around him with joy, worshippers
extolling and praising the image
that appeared from the mysterious night.

I remember the monstrous shadow
he cast over us at the rising of the moon
luring us to him, and how we fled
home, trembling before the being
who would abduct us.

I remember our screech of distress
when he had disappeared
the following sun-sharp morning
and how we searched high and low
for white footsteps that eluded us.

Oh! I remember the day of our loss yet,
watching you, singing children,
amusing yourselves yonder

le bhur n-arrachta sneachta, bhur bhfeart aon lae
a imeos le teacht na gréine ar ball

gan oiread is lorg coise a fhágáil ina dhiaidh.

with your abominable snowman, creation-of-a-day
that will disappear at sunrise

leaving no footprint behind.

AN BEALACH NACH bhFILLEANN

Cathal Ó Searcaigh

Ansiúd níl carn ná comhartha
ná cloch mhíle ar an bhealach
le treoir a thabhairt duit
ag gabháil isteach san fhásach.

Bealach lom an uaignis:
siúlfaidh tú é
i d'aonar, sa dorchadas;
gan solas ó réalt nó ó ré,
gan i ndán duit
ach fán fada agus seachrán ...

Agus ní thógfaidh tusa carn
ná comhartha don té
atá ag teacht i do dhiaidh, a bhráthair,
agus clúdóidh séideán gaoithe
rian do choise
ar an lom agus ar an láthair ...

THE ROAD OF NO RETURNING

Here there is no cairn or sign
Or milestone on display
As you enter the desert
To point you on your way.

The naked way of loneliness:
That's the way you'll walk
Alone and in darkness,
Without light from moon or star,
With nothing in store for you
But to stray and wander far ...

And you won't erect a cairn
Or sign for any who,
Brother, might come after
As a gust of wind removes
Every last trace
Of the footprints you left this moment
Barely in this place ...

CAORADÓIR
do Ghréagóir Ó Dúill

Cathal Ó Searcaigh

Ina chrága cranracha, ina shiúl spadánta
tá trí scór bliain de chruacht agus de chruatan,
de choraíocht bhuan le talamh tíoránta
an tsléibhe, ansiúd os cionn Loch Altáin.
Talamh gortach gann a d'ól le blianta
allas a dhíograise is a d'fhág é chomh spíonta,
chomh lomchnámhach le stumpán caoráin.
Agus na mianta a bhláthaigh i bhfearann a chroí
shearg siad go tapaidh de dhíobháil solais
i bProchlais iargúlta i mbéal an uaignis
san áit nach dtig aoibh ar an spéir ach go hannamh
is nach ndéanann an ghrian ach corrdhraothadh.

Ansiúd faoi scáth arrachtach an tsléibhe
níor aoibhnigh bean é le fuiseoga a póg
is níor neadaigh suáilcí an ghrá
aon lá riamh i bhfiántas a chléibhe.
Tá siúl an tsléibhe ag a thréad beag caorach
ó abhainn Mhín an Mhadaigh go barr na Beithí
ach tá sé teanntaithe é féin ó bhí sé ina stócach
ag na claíocha críche atá thart air go bagrach
ach amháin nuair bhíonn braon beag imithe chun a chinn.
Ansin éalaíonn a smaointe as raon a intleachta
mar chaoirigh siúlacha in ocras an gheimhridh
ag cuartú féaraigh i ndiamhra an tsléibhe.

Ansiúd is minic creathnú an bháis ina chroí
nuair a tchí sé cnáfairt chnámh ina shlí
nó a chuid madadh ag coscairt conablaigh
sna cnoic adaí atá lán de chiúnas agus de chaoirigh.

Agus dala gheir rósta na muiceola is na feola
a bheir tinneas bhéal an ghoile dó gach lá

SHEEPMAN

for Gréagóir Ó Dúill

In his calloused hands, in his sluggish gait
there are sixty years of hardness and hardship,
of constant struggle with the tyranny of the mountain
there above *Loch Altán*.
Hungry, mean land that for years drained
the sweat of his fervour and left him spent
and skeletal as a bog-stump.
And the desires that flowered in his heart's fields
withered quickly for want of light
in remote *Prochlais* in the mouth of the wilderness
where the sky but seldom smiles
and the sun laughs only the odd wry laugh.

Here in the monstrous shadow of the mountain
no woman ever pleasured him with the larks of her kisses,
the joys of love never nested
in the wilderness of his heart.
His little flock of sheep have the run of the mountain
from *Mín an Mhadaidh* river to the top of *Beithigh*
but he is bound since youth
to the boundary ditches that surround him, menacing
except when the wee drop's gone to his head.
Then his thoughts escape the beaten track of intellect –
wandering sheep in the hunger of winter
seeking grazing in dark mountain recesses.

There horror of death often trembles in his heart
when he sees skeletons on the path
or his dogs tearing carcasses
in those hills full of silence and sheep.

And just as the dripping of bacon and roast meat
give him indigestion daily,

luíonn an dorchadas go trom ar a aigne –
an dorchadas a ramhraíonn anuas ón Achla
le teacht na hoíche is a líonann é le heagla.

Ansiúd san oíche ina chistineach lom leacach,
cruptha ina chathaoir os comhair na tineadh,
bíonn sé ag humáil is ag húthail faoina anáil
leis an uaigneas a choinneáil ó dhoras, an t-uafás
a bhíonn ag drannadh leis as an dorchadas
is a shleamhnódh chuige isteach ach faill a fháil
le creach a dhéanamh ina chloigeann,
go díreach mar a ní na luchógaí móra
crúbáil is creimseáil os a chionn ar an tsíleáil.

Fadó bhíodh a chroí ag bualadh le bród
nuair a bhíodh an Druma Mór ag teacht ar an fhód
go bríomar buacach, Lá Fhéil' Pádraig ar an Fhál Charrach.
Oícheantaí anois agus é ina luí ar a leabaidh
cluineann sé druma maolaithe a sheanchroí
ag gabháil in ísle brí agus ag éirí stadach …

the darkness lies heavy on his mind –
the darkness which thickens down from *Achla*
at nightfall and terrifies him.

There at night in his bare, flag-floored kitchen,
hunched in his chair before the fire,
he hums and haws under his breath
to keep the loneliness from his door, the terror
which snarls at him from the night
which would sneak in given half a chance
to prey upon his mind
just as the rats
claw and nibble at the ceiling above him.

Long ago his heart beat with pride
when the Big Drum paraded
lively and proud on Saint Patrick's day in Falcarragh.
Nights now in bed
he hears his old heart's muffled drum
grow weak and falter ...

BÓ BHRADACH

do Liam Ó Muirthile

Cathal Ó Searcaigh

D'éirigh sé dúthuirseach déarfainn
den uaigneas a shníonn anuas i dtólamh
fríd na maolchnocáin is fríd na gleanntáin
chomh malltriallach le *hearse* tórraimh;
de bhailte beaga marbhánta na mbunchnoc
nach bhfuil aos óg iontu ach oiread le créafóg;
de na seanlaochra, de lucht roiste na dtortóg
a d'iompaigh an domasach ina deargfhód
is a bhodhraigh é *pink* bliain i ndiaidh bliana
ag éisteacht leo ag maíomh as seanfhóid an tseansaoil;

de na *bungalows* bheaga bhána atá chomh gránna
le *dandruff* in ascaill chíbeach an Ghleanna;
de na daoine óga gafa i g*cage* a gcinniúna
dálta ainmhithe allta a chaill a ngliceas;
de thrí thrua na scéalaíochta i dtruacántas
lucht na dífhostaíochta, den easpa meanmna,
den iargúltacht, den chúngaigeantacht ar dhá thaobh an Ghleanna;
de na leadhbacha breátha thíos i dTigh Ruairí
a chuir an fear ag bogadaigh ann le fonn
ach nach dtabharfadh túrálú ar a raibh de shú ann;

de theorainneacha treibhe, de sheanchlaíocha teaghlaigh,
de bheith ag mún a mhíshástachta in éadan na mballaí
a thóg cine agus creideamh thart air go teann.
D'éirigh sé dúthuirseach de bheith teanntaithe sa Ghleann
is le rúide bó bradaí maidin amháin earraigh
chlearáil sé na ballaí is *hightailáil* anonn adaí.

A BRADDY COW
for Liam Ó Muirthile

He got fed up, I'd swear,
of the loneliness that constantly seeps down
through the rolling hills, through the valleys
sluggish as a hearse;
of the lazy hamlets of the foothills
empty of youth as of earth;
of the old warriors, of the sodbusters
who turned to red-sod the peaty soil
and who deafened him pink, year-in, year-out,
bragging of the old sods of the past;

of the small, white bungalows, ugly
as dandruff in the sedgy headlands of the Glen;
of the young trapped in the cage of their fate
like wild animals who have lost their cunning;
of the three sorrows of storytelling in the misery
of the unemployed, of low spirits,
of the backwardness, of the narrowmindedness of both sides of the Glen,
of the fine birds below in *Ruairí*'s
who stirred the man in him
but who couldn't care less about his lusting;

of tribal boundaries, of ancient household ditches,
of pissing his frustration at race and religion
that walled him in.
He got fed up of being fettered in the Glen
and, bucking like a braddy cow one spring morning,
he cleared the walls and hightailed away.

A braddy cow: a thieving, trespassing cow

COR ÚR

Cathal Ó Searcaigh

Ciúnaíonn tú chugam as ceo na maidine
mus na raideoige ar d'fhallaing fraoigh,
do ghéaga ina srutháin gheala ag sní
thart orm go lúcháireach, géaga
a fháiltíonn romham le fuiseoga.

Féachann tú orm anois go glé
le lochanna móra maorga do shúl
Loch an Ghainimh ar deis, Loch Altáin ar clé,
gach ceann acu soiléir, lán den spéir
agus snua an tsamhraidh ar a ngruanna.

Agus scaoileann tú uait le haer an tsléibhe
crios atá déanta as ceo bruithne na Bealtaine
scaoileann tú uait é, a rún mo chléibhe,
ionas go bhfeicim anois ina n-iomláine
críocha ionúine do cholainne

ó Log Dhroim na Gréine go hAlt na hUillinne
ón Mhalaidh Rua go Mín na hUchta,
thíos agus thuas, a chorp na háilleachta
gach cuar agus cuas, gach ball gréine,
gach ball seirce a bhí imithe i ndíchuimhne

ó bhí mé go deireanach i do chuideachta.
Tchím iad arís, a chroí, na niamhrachtaí
a dhearmadaigh mé i ndíbliú na cathrach.
Ó ná ceadaigh domh imeacht arís ar fán:
clutharaigh anseo mé idir chabhsaí geala do chos,
deonaigh cor úr a chur i mo dhán.

A FRESH DIMENSION

Like silence you come from the morning mist,
musk of bog-myrtle on your heather cloak,
your limbs – bright streams lapping joyfully
around me, limbs
that welcome me with skylarks.

You see me truly
in the majestic lakes of your eyes –
Loch an Ghainimh on the right, *Loch Altán* on the left,
both plainly visible, full of sky,
the complexion of summer on their cheeks.

And you loosen to the mountain air
your girdle of the hazy heat of May;
you loosen it, my love,
that I may wholly see
the beloved boundaries of your body

from *Log Dhroim na Gréine* to *Alt na hUillinne*,
from *Malaidh Rua* to *Mín na hUchta*,
below and above, body most beautiful,
every hollow and curve, every sunspot,
every love-spot I'd forgotten

since last I was with you.
I see them again, love, the resplendence
I'd forgotten in the misery of the city.
Oh! don't let me stray again:
shelter me between the bright causeway of your legs,
add a fresh dimension to my poem.

NÍL AON NÍ

Cathal Ó Searcaigh

Níl aon ní, aon ní, a stór,
níos suaimhní ná clapsholas smólaigh
i gCaiseal na gCorr,

ná radharc níos aoibhne
na buicéad stáin na spéire ag sileadh
solais ar Inis Bó Finne.

Is dá dtiocfá liom, a ghrá,
bheadh briathra ag bláthú ar ghas mo ghutha
mar shiolastrach Ghleann an Átha,

is chluinfeá geantraí sí
i gclingireacht na gcloigíní gorma
i gcoillidh Fhána Bhuí.

Ach b'fhearr leatsa i bhfad
brúchtbhaile balscóideach i mBaile Átha Cliath
lena ghleo tráchta gan stad,

seachas ciúinchónaí sléibhe
mar a gciúnaíonn an ceo le teacht na hoíche
anuas ó Mhín na Craoibhe.

THERE'S NOTHING

There's nothing, nothing, my love,
more peaceful than a twilight of thrushes
in *Caiseal na gCorr*,

nor a sight more joyful
than the sky's tin buckets
spilling light on *Inis Bó Finne*,

and if you would come with me, love,
words would flower on the stem of my voice
like yellow-flag in *Gleann an Átha*,

and you would hear fairy love-songs
in the tinkle of the bluebells
in the woods of *Fána Bhuí*

But you'd much prefer
a smutty Dublin suburb
with its incessant din of traffic

to the quiet life in the mountain
where the fog falls silent at nightfall
down from *Mín na Craoibhe*.

TÁ MÉ AG SÍORSHIÚL SLÉIBHE

Cathal Ó Searcaigh

Tá mé ag síorshiúl sléibhe ar feadh na hoíche
ó Mhalaidh na Gaoithe suas go barr Mhín na Craoibhe
is ó thréig tú aréir mé – cé shamhlódh é choíche –
tá mo shaolsa níos loime ná blár seo an tsléibhe.

Chiap tú mé is chráig tú mé is d'fhág tú mar seo mé
gan romham is gan i mo dhiaidh ach seachrán agus sliabh,
gan amach i ndán domh as duibheagán seo an dorchadais,
óir ba tusa an ball bán a bhí riamh ar an oíche i mo chliabh.

Bhéarfainnse a bhfuil agam agus flaitheas Dé lena chois
ach mé a bheith sínte anois idir tusa agus saol na ngeas.
Ó, a cheann dea-chumtha agus a chorp na háilleachta,
b'fhearr amharc amháin ort anocht ná solas síoraí na bhFlaitheas.

WANDERING THE MOUNTAINSIDE

I am wandering the mountainside all night long and grieving
From *Malaidh na Gaoithe* to the top of *Mín na Craoibhe*,
Since last night you left me – oh most unhappy chance –
My life is barer than this mountainous expanse.

You tormented and distressed me and left me in the lurch,
Nought before and nought behind me but mountain and my search,
Nothing before me now or ever but night's abyss, this dark,
For you were the one bright spot in the midnight of my heart.

I'd offer my possessions and all of Heaven too
To be stretched between my loved one and the world of taboo.
O lovely head and body, I'd prefer one single sight
Of you this night than Heaven, than everlasting light.

CEANN DUBH DÍLIS

Cathal Ó Searcaigh

A cheann dubh dílis dílis dílis
d'fhoscail ar bpóga créachtaí Chríosta arís;
ach ná foscail do bhéal, ná sceith uait an scéal:
tá ar ngrá ar an taobh thuathal den tsoiscéal.

Tá cailíní na háite seo cráite agat, a ghrá,
's iad ag iarraidh thú a bhréagadh is a mhealladh gach lá;
ach b'fhearr leatsa bheith liomsa i mbéal an uaignis
'mo phógadh, 'mo chuachadh is mo thabhairt chun aoibhnis.

Is leag do cheann dílis dílis dílis,
leag do cheann dílis i m'ucht a dhíograis;
ní fhosclód mo bhéal, né sceithfead an scéal
ar do shonsa shéanfainn gach soiscéal.

MY BLACKHAIRED LOVE

My blackhaired love, my dear, dear, dear,
Our kiss re-opens Christ's wounds here;
But close your mouth, don't spread the word:
We offend the gospels with our love.

You plague the local belles, my sweet,
They attempt to coax you with deceit,
But you'd prefer my lonely kiss,
You hugging me to bring to bliss.

Lay your head, my dear, dear, dear,
Lay your head on my breast here;
I'll close my mouth, no detail break –
I'd deny the gospels for your sake.

SEARMANAS

Cathal Ó Searcaigh

Ar altóir na leapa
ceiliúraim do chorpsa anocht, a ghile,
le deasghnátha mo dhúile.
Gach géag ghrástúil, gach géag mhaighdeanúil
sléachtaim rompu go humhal
is le paidreacha na bpóg
altaím go díograiseach
gach féith is gach féitheog
is cór na gcéadfaí go caithréimeach
ag canadh iomann do do shuáilcí
do bhéal, do bholg, do bhrollach –
tríonóid thintrí an tsóláis.
Is de réir mar a théann
an searmanas i ndéine is i ndlúthpháirtíocht
tá mo bhaill bheatha ar crith
ag fanacht le míorúilt mhacnais
is tiocfaidh, tiocfaidh go fras
nuair a bhlaisfead diamhrachtaí do ghnéis –
cailís an mhiangais
tiocfaidh, áthas na n-áthas
ina shacraimint, ina thabhartas,
ina theangacha tine an eolais.
Tiocfaidh
réamhaisnéis na bhflaitheas.

CEREMONY

On the altar of the bed
I celebrate your body tonight, my love,
with the rites of my desire.
I humbly kneel before
each graceful limb, each virgin limb
and with kisses of prayer
I fervently give thanks
for every sinew, every muscle
while triumphantly the senses' choir
is singing hymns to your pleasure
your mouth, your belly, your breast –
the fiery trinity of joy.
And as the ceremony intensifies
in solidarity
my body trembles
expecting the miracle
which will come voluptuously
when I taste the mystery of your sex –
the chalice of desire.
It will come, joy of joys,
a sacrament, a gift,
the fiery tongues of knowledge
and I will have
intimations of heaven.

SOILSE

Cathal Ó Searcaigh

Tá soilse bithbhuan' na spéire
Ag spréacharnaigh anocht go glé
Gach ceann acu ina mheall mistéire
Ach ní orthu atá m'iúl, a bhé,

Ach ar chruinneog chré do chinn
As a dtigeann drithlí órbhuí na gcúl;
Soilse spéiriúla i ngach aird go glinn –
Gile an gháire agus gorm tintrí na súl.

Ach do cheann meallach bheith ar m'ucht,
Dhearmadfainn díomuaine an Duine,
Ó i bhfirmimint d'fhoiltse anocht,
Thrasnóinn Bealach na Bó Finne.

LIGHTS

The everlasting firmament
Is sparkling bright tonight,
Each star an orb of mystery,
But, love, I pay no thought

To any but the sparkling world
Golden in your hair –
Bright laughter, blue flashing eyes
Vivid everywhere.

To have your dear head on my breast,
I'd forget life's day-to-day;
In the firmament of your hair
I'd cross the Milky Way.

AMHRÁN

Cathal Ó Searcaigh

Ná tar le hiomlán na fírinne
nuair ba bhinne
i bhfad liom, a dhíograis,
léas beag sóláis.

Ná tar leis an lán mara
agus gan mé ach ag éileamh
cupán uisce as an tobar
le mo thart a shásamh.

Ná tar leis an spéir
le ré agus le réaltaí;
nuair nach dteastaíonn, a chroí,
ach fannsholas gríosaí.

Ach mar a thugann éan
braoiníní uisce ina chleití;
nó mar a thugann an ghaoth
gráinníní salainn ó chladaigh,

Tarsa chugam i gcónaí
le drithleog, le deoir.
Is leor liom an beagán
má thig sé ón chroí, a stór.

SONG

Don't come with the total truth.
Sweeter far,
my love, to me
is a small ray of solace.

Don't come with the high tide.
All I want is
a cup of well water
to slake my thirst.

Don't come with the whole sky,
with moon and stars.
All I need, love,
is the embers' faint light.

But as a bird carries
drops of water in its feathers,
or as the wind carries
grains of salt from the shore

Come to me always
with a tiny spark, a tear.
A little is all I need
if it comes from your heart, my dear.

SOINÉAD

Cathal Ó Searcaigh

In albam na cuimhne atá siad taiscithe.
An ceann catach, na súile macánta
agus tráthnónta galánta na Bealtaine.
Samhailteacha! Samhailteacha na cuimhne
as albam i rúnchomhad na haigne
sin a bhfuil iontu, a bhuachaill na Bealtaine,
samhailteacha nach dtéann i ndíchuimhne.

In albam na cuimhne atá siad taiscithe
an ceann catach, na súile macánta
agus tráthnónta galánta na Bealtaine
ach amanta fosclóidh mé rúnchomhad na haigne
agus déanfaidh mé iad a aeráil i mo dhánta,
do cheann catach, do shúile macánta
agus tráthnónta galánta na Bealtaine.

SONNET

In memory's album they are stored.
The curly head, the gentle eyes
and those beautiful evenings in May.
Images! Memory's images
from the album of the mind's mysterious keeping.
That's all they are, my *Bealtaine* boy,
images that don't go away.

In memory's album they are stored,
the curly head, the gentle eyes
and a fine May evening.
But, times, I will open the mind's secrets
and I will air them in my poems,
your curly head, your gentle eyes
and those beautiful evenings in May.

LÁ DE NA LAETHANTA
do Lillis Ó Laoire

Cathal Ó Searcaigh

Is cuimhneach liom Domhnach fadó fadó. Domhnach síoraí samhraidh a bhí ann. Chuaigh mé ar thuras i ngluaisteán gorm. Turas chun an tSolais.

Cealaíodh am agus aimsear; clog agus caileandar. Bhí mé ag tiomáint sa tsíoraíocht. Dia a bhí ionam ar deoraíocht.

Bhí sé te. I bhfíor-dhuibheagán na bhflaitheas thum mé 'sponge' mo shamhlaíochta is nuair a d'fháisc mé é ina dhiaidh sin filíocht a tháinig ag sileadh as. Filíocht a thug fliuchadh agus fuaradh.

Bhí an féar ag ceiliúr is ag ceol ar na crainn. Bhí na héanacha ag éirí glas sna cuibhrinn. Bhí na néalta ag méileach ar na bánta. Ní raibh oiread agus caora le feiceáil sa spéir.

Casadh sruthán orm a bhí ag fáil bháis leis an tart. Thosaigh mé ag caoineadh is tháinig sé chuige féin go tapaidh. Thóg mé cnoc beag a bhí ag siúl ar thaobh an bhealaigh. Dúirt sé go raibh sé ag déanamh cúrsa i dtarrtháil sléibhe. Is cuimhneach liom gur fhág sé a chaipín ceo ina dhiaidh sa charr.

Ach dúirt an ghaoth liom a casadh orm i mbarr an Ghleanna go raibh sí ag gabháil an treo sin níos deanaí is go dtabharfadh sí an caipín ceo arís chuige. An ghaoth bhocht. Tháinig mé uirthi go tobann. Bhí sí nocht. Ach chomh luath agus a chonaic sí mé tharraing sí an t-aer thart uirthi féin go cúthalach agus labhair sí liom go séimh.

Bhí siad uilig chomh cineálta céanna. Thug na clocha cuireadh domh suí ina gcuideachta is nuair a chiúnaigh siad thart orm go cainteach thuig mé cad is tost ann. D'éist mé le bláth beag bhí ag seinm 'sonata' ar 'phiano' a piotail, ceol a chuir aoibhneas ar mo shrón. Tharraing an loch mo phictúir.

Agus an lá, fear tí an tSolais, cuimhneoidh mé air go brách. Bhí sé chomh béasach dea-mhúinte agus é i mbun gnó; ag freastal is ag friotháladh ar mo chuid riachtanaisí. Níor dhruid sé na doirse is níor tharraing sé na dallóga go dtí gur dhúirt mé leis go raibh mé ag gabháil 'na bhaile. D'oibrigh sé uaireanta breise go díreach ar mhaithe liomsa.

ON SUCH A DAY
for Lillis Ó Laoire

I remember one Sunday long ago. An eternal Summer Sunday. I went on a journey in a blue car. A journey towards the Light.

Time and weather were no more; clock and calendar. I was driving in eternity. I was God wandering.

It was hot. In the depths of heaven I plunged the sponge of my imagination and when I squeezed it afterwards the poetry flowed from it. Poetry that was wet and cooled me.

The grass was warbling and singing on the trees. The birds were greening in the fields. The clouds were bleating in the pastures. Not one sheep was in the sky.

I chanced upon a stream that was dying of thirst. I began to cry and it recovered quickly. I picked up a small hill that was walking by the wayside. It said it was doing a course in mountain-rescue. I remember it left its cap behind in the car.

But the wind I met at the top of the Glen said she was going that way later and would return the cap to him. The poor wind! I came upon her suddenly. She was sunning herself at the top of the Glen. She was naked. But the instant she saw me, she drew the air shyly around her and spoke gently.

They were all as kind as she. The stones invited me into their company and when they quietened talkatively about me I understood the meaning of silence. I listened to a small flower playing a sonata on her petal-piano, music that pleased my nose. The lake drew my picture.

And the day, host of the Light, I'll remember forever. He was so well-mannered and polite doing his duty; attending to and anticipating my needs. He didn't close the doors or pull the blinds till I informed him I was going home. He worked overtime just for my benefit.

Agus tháinig an oíche 'na bhaile i mo chuideachta, a corp slim sleamhain ag sioscadh i mo thimpeall; spéarthaí dubha a gúna ag caitheamh drithlí chugam. Mheall sí mé lena glórthaí.

Is cuimhneach liom Domhnach fadó fadó is cé go bhfuil luan-scrios déanta air ó shoin

Creidim i gcónaí sna míorúiltí.

And night came home with me, her sleek and slender body rustling about me; the black skies of her dress twinkling all around me. She enthralled me with the sound of her voice.

I remember that Sunday long long ago. And though time has destroyed it

I believe in miracles still.

Acknowledgments

The publishers and Gabriel Fitzmaurice would like to thank Rita Kelly for permission to use Eoghan Ó Tuairisc's 'Na Boithre Bána' [*Lux Aeterna*, Figgis, Dublin 1964/Cois Life, Dublin 2000]; Michael Hartnett's 'Dán do Rosemary' [*Adharca Broic* 1978], 'Féintrua' and 'An Phurgóid' [*A Necklace of Wrens* 1987] are used by the kind permission of the author's estate and The Gallery Press, Loughcrew, Oldcastle, County Meath, Ireland; thanks also to Máire Mhac an tSaoi, Art Ó Maolfabhail, Michael Davitt and Áine Ní Ghlinn and her publishers Coiscéim and Dedalus Press; An Clóchomhar for Máirtín Ó Direáin's poems; Caoimhín Ó Marcaigh for Seán Ó Ríordáin's poems; Cló Iar-Chonnachta for Cathal Ó Searcaigh's poems and Cathal Ó Luain for Caitlín Maude's poems.

The Rhino's Specs
Spéaclaí an tSrónbheannaigh
Poems in Irish by Gabriel Rosenstock
Translated by Gabriel Fitzmaurice

What happened to the rhino's specs? What should you feed an alien?
When is a stone not a stone? These questions and more are answered
in Gabriel Rosenstock's magical poems for children. Elephants, bad-
gers, hags and of course rhinos feature in these funny, strange poems
designed to appeal to children of all ages.

Gabriel Rosenstock's original Irish poems are wittily translated
by Gabriel Fitzmaurice in a collaboration that ensures none of their
humour is lost.

I and the Village
Gabriel Fitzmaurice

In this superb collection, Gabriel Fitzmaurice sings of his native
Kerry, finding in the places and people around him, and in everyday
occurrences, themes of universal importance. He casts his unerring
eye on his relationships with friends, neighbours and the wider world,
shedding light on the eternal subjects of love and loss. Drawing in-
spiration from folklore and ballad-singing, he brings new life to tradi-
tional rhyming forms and to the spoken language of his country.

> *Since my father died, I've changed. It seems*
> *that I become my father more and more;*
> *I carry him around, awake, in dreams …*

> *Am I reading you, my native place, all wrong?*
> *In reading you, is it myself I read?*
> *Is the village I have turned into song*
> *Real only as a figment of my need? …*

Poets and Poetry of the Great Blasket
Translated and edited by Séamas Ó Scannláin

In this book Séamas Ó Scannláin has brought together the work of three poets whose lives were closely bound to the Blasket Island, spanning a period of over 350 years. This dual language anthology paints a picture of social change and linguistic evolution over those centuries.

Piaras Feiritéar [1603–1653] was a member of the pre-Cromwellian Irish aristocracy and his poetry carries the hallmarks of his class.

Seán Ó Duínnlé [1812–1889] belonged to the landless labourers of nineteenth century Ireland. His poetry was on the lips of his community long after he died, and it was much admired for its eloquence, its beauty and its vigour.

Mícheál Ó Gaoithín [1903–1974] was a son of Peig Sayers and known as 'an file' (the poet). He was one of the Blasket Island's most famous residents, and its last poet.